第5版

# 物业管理
## 从入门到精通

**物业管理人员必知的125个热点问题**

汇聚物业行业的经典案例，提出解决问题的优选方案，帮你轻松入门轻松精通

王占强 /著

| 125个典型的 | 125个精准的 | 125个系统的 |
| 真实案例 | 专家解答 | 相关规定 |

中国法治出版社
CHINA LEGAL PUBLISHING HOUSE

图书在版编目（CIP）数据

物业管理：从入门到精通：物业管理人员必知的125个热点问题 / 王占强著. -- 5版. -- 北京：中国法治出版社，2025.3. --（物业管理实务操作经典丛书）.
ISBN 978-7-5216-5017-4

Ⅰ. F293.347

中国国家版本馆 CIP 数据核字第 20254ZF295 号

责任编辑：马春芳　　　　　　　　　　　　封面设计：周黎明

**物业管理：从入门到精通：物业管理人员必知的125个热点问题**
WUYE GUANLI: CONG RUMEN DAO JINGTONG: WUYE GUANLI RENYUAN BIZHI DE 125 GE REDIAN WENTI
著者 / 王占强
经销 / 新华书店
印刷 / 保定市中画美凯印刷有限公司
开本 / 880 毫米 × 1230 毫米　32 开　　　印张 / 11.25　字数 / 261 千
版次 / 2025 年 3 月第 5 版　　　　　　　　2025 年 3 月第 1 次印刷

中国法治出版社出版
书号 ISBN 978-7-5216-5017-4　　　　　　　　　定价：39.80 元
北京市西城区西便门西里甲 16 号西便门办公区
邮政编码：100053　　　　　　　　　　　传真：010-63141600
网址：http://www.zgfzs.com　　　　　　编辑部电话：010-63141822
市场营销部电话：010-63141612　　　　印务部电话：010-63141606
（如有印装质量问题，请与本社印务部联系。）

## 致亲爱的读者
——第五版序言

有一天,我到某小区见项目经理老贾。当时,他正盯着手机屏幕查看公司应用软件中的派单和处理情况,手边摊着翻旧的笔记本,上面密密麻麻记满了业主诉求、会议纪要等内容。见我来了,他疲惫地笑了笑,说:"这工作啊,就像走钢丝——业主的信任在左,管理的成本在右,稍不留神就两头落空。"这句话让我想起了18年前初入行时的自己。那时的我,也被难以调和的业主与物业的矛盾纠纷、突发的物业安全生产事故、业主委员会成立难题、物业公司选聘解聘纠纷、强行接管、拒不撤管等难题逼到手足无措,直到一位前辈递给我一本泛黄的行业手册,封面上前辈用工工整整的字体写了一句话:"物业人,是家园的守护者。"

这句话是我写作本书的初心,也是本书第五次改版的灵魂。

数据显示,2024年末,我国常住人口城镇化率为67.00%,比2023年末提高0.84个百分点。① 物业管理者早已不只是"修水电、扫楼道"的技术工,而是维系社区温度、平衡多元诉求的"现代社会治理者"。我们既要有设备运维的"硬功夫",也要有沟通协调的"软实力";既要掌握智慧物业系统的"新工具",也要守住服务初心的"老传统"。"动之以情、晓之以理、明之以法",更是要在不同场景下运用娴熟。这种蜕变中的阵痛,我懂。

《中华人民共和国民法典》(以下简称《民法典》)于2021年1

---

① 参见"王萍萍:人口总量降幅收窄 人口素质持续提升",载国家统计局网站,https://www.stats.gov.cn/sj/sjjd/202501/t20250117_1958337.html,最后访问时间:2025年3月2日。

月1日起施行。《民法典》的颁布实施对物业管理行业具有划时代的意义,《民法典》为物业管理行业确立了法律框架,明确了物业服务合同的法律效力,强化了业主的共同管理权,规范了物业企业的服务义务。其核心价值在于：通过细化业主与物业的权利义务关系,提升行业透明度；明确公共收益的归属及使用规范；推动纠纷解决法治化,为行业健康发展奠定制度基础。此外,近些年也出台了一些新的司法解释及地方性法规等。因此,本次改版结合最新法律法规以及司法解释,对相关案例进行全新的分析和解答。

本次改版不仅是一次内容上的升级,更是一次对行业痛点的积极回应。

有人说,物业是"离烟火最近的管理学",我却更愿称之为"用专业守护人间温暖的手艺"。本书不提供"标准答案",只愿成为您口袋里的"万能工具箱"：当新入职的保安不知如何劝止高空抛物时,当业主委员会质疑物业费收支明细时,当暴雨夜地下车库面临倒灌时……您能在这里找到一些可借鉴的思路、方法与底气。

此刻,全国有超过1000万的物业人正在巡检、在电话旁守候、在纠纷现场调解。如果您也曾在被责难时偷偷抹泪、在解决问题后悄悄欢喜、在春节值守时想念家人——那么这本书就是写给您的"战地日记"。翻开它,您会看见千万同行者的足迹,将找到继续前行的力量。

感谢广大读者的厚爱,支持着这本书从出版到改版,直到这次的第五次改版。本次改版既是对每一位物业人的致敬,也是对我们共同事业的期许。愿这本书能陪您在琐碎中深耕专业、在误解中坚守价值,在时代浪潮中写下属于物业人的光荣与梦想。

与您同行的作者

2025年春

# 第一版序言

　　现在，作为一名物业管理法律服务的提供者，我每天最常听、最常说、最常见、最常用、最常想的就是物业管理了。然而，更早些年前，物业管理对我而言却是一个陌生的概念，甚至像空气一样地存在却未被感知到。因为从小生活在农村，没住过楼房，所以丝毫没接触过物业管理这个"新鲜"玩意儿。

　　2007年，研究生毕业之际，我怀着对未来的憧憬和期待，伴随着即将踏进社会的激动和不安，寻找着自己事业的起点。当时的我有不少的就业选择，但最后机缘巧合地来到北京市住房和城乡建设委员会的物业管理部门。在工作的过程中，我渐渐地对物业管理行业有了更加深入的了解。从物业公司方面，我们听到最多的反馈就是费用低和收费难的问题，有很多公司说他们处于亏损状态。而业主也有自己的说辞，"整天看不到有什么服务，却到处收费！小区里一点儿大的事情也解决不了，还经常为开发商代言，反倒不像是我们业主的管家"。业主与物业公司之间的这种矛盾和互相的不信任引发了更加深刻的恶性循环。然而，问题绝非如我们看到的表象那么简单。从某种意义上来说，业主和物业公司，甚至整个物业管理行业都是一些规划遗留问题、开发遗留问题、权属遗留问题、房改遗留问题的受害者，都是公共管理职能与市场行为界限划分不清的受害者，都是社会管理水平不足与专业服务能力不高的受害者。

　　错综复杂的矛盾纠纷摆在面前，感觉到头大是再正常不过的了。相信每个从事物业管理的人，至少在某些时候会是与我有同感的。甚至有人不无戏谑地说，要立遗嘱"三代之内不许从事物业管理"。我很能理解这种情绪。我们的工作仿佛是消防队员，随时准备"救火"，效果却不甚理想。有的纠纷甚至持续两三年都不能彻底解决，这难免让人产生挫败感。但不妨换一个角度想一想，最让人崩溃的时候，或许希望已开始孕育。有成千上万的业主是需要物业管理的，有成千上万的房子是需要物业管理的，这本身不就是巨大的潜力吗？我们为什么不尝试用自己的努力去改变呢？哪怕这些改变很微小，但全行业的共同努力一定会带来较大的改观，那些始终坚守和愿意追寻的人，终将成为行业新生的最强推动力。

我愿意成为那部分坚守和追寻的人群中的一员，可能力量很微弱，但我愿意尝试，并永不放弃努力。这也就是我要写这本书的很大一部分原因。我尝试着就行业内的基础问题、热点问题、难点问题与大家有所探讨、有所发现、有所改进。本书共分为十章，即第一章业主、业主大会及业主委员会；第二章前期物业管理；第三章物业管理服务；第四章物业服务收费；第五章物业的使用与维护；第六章装饰装修管理；第七章停车管理问题；第八章住宅专项维修资金；第九章物业公司的公共安全责任；第十章物业公司的法律责任。全书共选取了125个物业管理典型问题，均以案例形式呈现。需要特别说明的是，本书的内容全部来源于真实的案例，但所有的小区、业主、公司名称均作了化名处理。

您可以通过如下方式与我们取得联系：微信公众号"物业法狮"。

# 目 录
CONTENTS

## 一、业主、业主大会及业主委员会

1. 已购房入住但尚未办理所有权登记的人算业主吗？/2
2. 承租户能否行使业主的权利？/4
3. 在物业管理活动中，业主享有哪些权利？/7
4. 在物业管理活动中，业主应当履行哪些义务？/10
5. 什么是业主大会？业主大会是否有权请求业主依规养宠？/13
6. 物业公司是否有配合业主成立业主大会的义务？/16
7. 什么是业主委员会？/19
8. 欠费业主能进入业主委员会吗？/22
9. 业主的亲属能否进入业主委员会？/25
10. 业主委员会活动经费应当由物业公司承担吗？/27
11. 物业管理用房中包括业主委员会的办公用房吗？/29
12. 什么是（临时）管理规约？/32
13. 什么是业主大会议事规则？/36

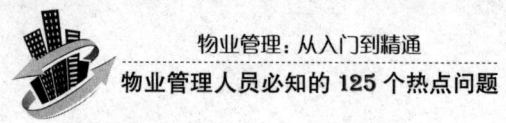

14. 什么时候可以召开业主大会会议？/39

## 二、前期物业管理

15. 物业公司开展物业服务必须取得资质证书吗？/42
16. 物业公司如何取得前期物业管理权？/44
17. 物业公司在与建设单位签订前期物业服务合同时，应当如何约定合同期限？/46
18. 建设单位与物业公司签订的前期物业服务合同对业主有约束力吗？/48
19. 建设单位是否有权更换前期物业服务企业？/50
20. 物业公司应当如何开展交接查验工作？/53
21. 物业公司承接查验时发现工程设备有质量问题怎么办？/56
22. 建设单位对物业有何保修责任？/58

## 三、物业管理服务

23. 物业管理服务包括哪些内容？/62
24. 国家有强制性的物业服务标准吗？/65
25. 房屋空置是否需要缴纳物业服务费？/67
26. 业主委员会收取物业服务费合法吗？/70
27. 物业公司的分公司不履行合同义务，相对人能否起诉物业总公司承担义务？/72
28. 旧物业公司撤管时应当移交哪些资料？/74

29. 旧物业公司拒不撤出小区怎么办？/77

30. 什么是事实物业服务？/80

31. 物业公司是否可以将物业管理的专项服务委托给专业公司？/82

32. 物业公司之间能否转包物业服务业务？/84

33. 物业服务合同尚未到期，能否解除合同？/87

34. 业主委员会提前终止物业服务合同，物业公司能否追索违约金？/89

35. 业主委员会与物业公司之间解除物业服务合同的协议有效吗？/92

36. 解聘物业公司的业主大会决议需满足什么条件才是有效的？/95

37. 业主养宠物扰民，物业公司该怎么办？/98

38. 物业公司可以阻止共享单车进小区吗？/101

39. 物业公司能对业主进行罚款吗？/104

40. 物业公司应当配合业主安装充电桩吗？/106

41. 什么是物业公司并购？对物业公司有何影响？/109

## 四、物业服务收费

42. 物业服务费由哪些部分构成？/114

43. 物业服务收费定价方式有哪些？/117

44. 什么是物业管理的酬金制？/120

45. 什么是物业管理的包干制？/123

46. 物业服务收费都需要明码标价吗？/125

47. 物业服务费只能按面积大小收取吗？/127

48. 业主能要求对物业服务费打折吗？/129

49. 物业公司一次可以预收多长时间的物业服务费？/132

50. 物业公司有权要求业主缴纳前业主拖欠的物业服务费吗？/134

51. 物业公司的物业费收费权可以转让吗？/136

52. 买房后一直未入住，物业公司是否有权向业主收取物业服务费？/139

53. 业主能否因物业服务质量问题拒缴物业服务费？/141

54. 业主委员会要求业主拒付物业服务费有依据吗？/143

55. 物业公司追索业主欠费的诉讼时效是多长时间？/145

56. 物业公司能否向首层业主收取电梯费？/148

57. 物业公司能否通过停电催缴电费？/150

58. 物业公司是否应当向业主公布收支账目？/153

59. 业主可以对物业公司进行审计吗？/156

60. 物业公司能否通过断电或限电的方式催缴物业服务费？/158

## 五、物业的使用与维护

61. 物业公司与业主委员会能否对公共收益进行约定分成？/162

62. 业主在楼顶安装太阳能热水器，物业公司有权限制吗？/166

63. 业主搭建阳光房，物业公司应当怎么办？/168

64. 小区装宽带，物业公司与业主选择不同的运营商怎么办？/171

65. 电梯噪声大，业主能否向物业公司索赔？/174

66. 楼房墙皮脱落砸坏汽车，物业公司应当赔偿吗？/176

67. 物业公司有权制止业主的群租行为吗？/178

68. 楼上漏水楼下被淹，物业公司应否担责？/182

69. 业主将住宅改为旅馆怎么办？/185

70. 业主在小区内摔伤，物业公司应当承担责任吗？/188

71. 小区路灯电费应由业主另外缴纳吗？/191

72. 物业公司可以出租物业管理用房获利吗？/193

73. 物业公司能否利用人防工程取得收益？/195

## 六、装饰装修管理

74. 业主装修房屋时，是否应当与物业公司签订装修管理服务协议？/200

75. 物业公司迟延为业主办理装修手续，应否赔偿业主损失？/203

76. 物业公司有权收取装修管理服务费、装修押金吗？/206

77. 装修垃圾管理不当，物业公司应负何种责任？/210

78. 物业公司交错钥匙，业主家被邻居装修，谁应当负担这部分装修费用？/212

79. 对别墅装修与普通住宅装修的要求是否有区别？/214

## 七、停车管理问题

80. 商品房小区地面停车位归谁所有？/218

81. 地下车库能否"只卖不租"？/221

82. 如何认定小区停车位的管理权？/223

83. 停车位能否出租给其他小区业主使用？/225

84. 物业公司能否将绿地改为停车场？/227

85. 物业公司能否在车位上安装地锁？/230

5

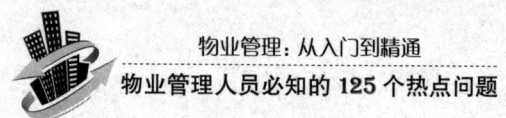

86. 机动车在物业管理区域内被剐蹭，物业公司应否担责？/234

87. 物业公司指挥业主操作立体车库导致汽车受损，应否承担赔偿责任？/236

88. 业主汽车被盗，物业公司没有监控记录，是否应当赔偿业主损失？/239

89. 业主买房时开发商承诺的停车收费标准，物业公司必须执行吗？/242

90. 业主买了车位，还要缴纳管理费吗？/244

91. 物业公司收取的停车费中是否包含属于业主的停车收益？/246

92. 业主将车停放在消防车通道上，物业公司能否采取锁车的方式处理？/249

## 八、住宅专项维修资金

93. 什么是住宅专项维修资金？/254

94. 业主大会成立前，商品住宅专项维修资金由谁管理？/256

95. 住宅专项维修资金具体可用于哪些住宅共用部位的维修、更新、改造？/258

96. 住宅专项维修资金具体可用于哪些共用设施设备的维修、更新、改造？/260

97. 哪些费用的支出不能使用住宅专项维修资金？/261

98. 业主大会成立前，物业公司按什么程序使用住宅专项维修资金？/263

99. 住宅专项维修资金划转业主大会管理后，物业公司应当按照什么程序使用？/265

100. 是否必须先征得业主同意才能使用住宅专项维修资金？/267

# 目 录

101. 发生哪些紧急情况时可以不经相关业主表决即可使用住宅专项维修资金？/269
102. 业主可否以超过诉讼时效为由，拒绝缴纳住宅专项维修资金？/272

## 九、物业公司的公共安全责任

103. 小区内发生入室盗窃，物业公司应否承担责任？/276
104. 物业公司如何应对业主拆改承重结构？/279
105. 业主违法建设开挖地窖造成工人死亡，物业公司有无责任？/282
106. 高空抛物致车辆受损，物业公司应负赔偿责任吗？/285
107. 电梯坠落伤人，应由物业公司还是电梯维保公司担责？/288
108. 物业公司应否允许业主调取监控录像？/292
109. 物业公司保安检查、评论有关小区业主的监控录像，是否构成侵犯隐私权？/295
110. 热力管线破裂烫伤行人，供热单位和物业公司谁应当承担责任？/298
111. 火灾事故中，物业公司负什么消防安全责任？/301

## 十、物业公司的法律责任

112. 物业公司在办理物业承接验收手续时，不移交有关资料的，承担什么法律责任？/306
113. 物业公司将一个物业管理区域内的全部物业管理一并委托给他人的，承担什么法律责任？/308

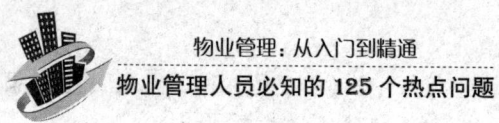

114. 物业公司挪用专项维修资金的，承担什么法律责任？/310
115. 未经业主大会同意，物业公司擅自改变物业管理用房用途的，承担什么法律责任？/312
116. 物业公司擅自改变物业管理区域内按照规划建设的共用设施用途的，承担什么法律责任？/314
117. 物业公司擅自占用物业管理区域内场地，损害业主共同利益的，承担什么法律责任？/316
118. 物业公司擅自利用物业共用部位、共用设施设备进行经营的，承担什么法律责任？/318
119. 物业公司不配合法院调查取证等工作的，承担什么法律责任？/320
120. 物业公司删改保安服务中形成的监控影像资料、报警记录的，承担什么法律责任？/322
121. 物业公司使用未取得相应资格的人员从事特种设备作业的，承担什么法律责任？/325
122. 物业公司发现装修人有违反有关装饰装修规定的行为，不及时向有关部门报告的，承担什么法律责任？/327
123. 物业公司对招投标违法行为承担什么法律责任？/329
124. 物业公司保安员无证上岗，承担什么法律责任？/331
125. 物业公司不履行消防安全管理职责，承担什么法律责任？/333

# 附　录

《中华人民共和国民法典》（节录）/338

# 一、业主、业主大会及业主委员会

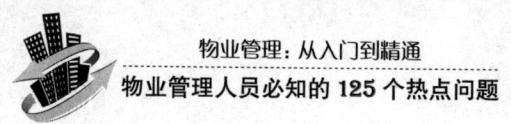

# 1. 已购房入住但尚未办理所有权登记的人算业主吗？

 现实案例

某新建小区进入集中入住阶段，开发商选聘的物业公司派出员工为业主办理交房验收等入住手续，其中一项是预收第一年的物业费。购房人李某称，还没拿到房产证，自己还不是业主，所以不应当缴纳物业费。

李某是业主吗？他应否缴纳物业费？

专家解答

简单来说，业主就是"房屋所有权人"。但在现实生活中，业主可能包括如下几种情况：

（1）依法登记取得建筑物专有部分所有权的人；

（2）因人民法院、仲裁委员会的生效法律文书取得建筑物专有部分所有权的人；

（3）因继承或者受遗赠取得建筑物专有部分所有权的人；

（4）因合法建造等事实行为取得建筑物专有部分所有权的人；

（5）基于与建设单位之间的商品房买卖民事法律行为，已经合法占有建筑物专有部分，但尚未依法办理所有权登记的人。

现实中，往往存在因种种原因入住了但尚未取得所有权证书的情况，但这并不妨碍其业主身份，不影响其行使业主权利，履行业主义务。

可见，李某依法应当履行业主义务，按时缴纳物业服务费用。

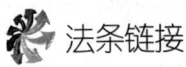 法条链接

《物业管理条例》

**第六条第一款** 房屋的所有权人为业主。

《最高人民法院关于审理建筑物区分所有权纠纷案件适用法律若干问题的解释》

**第一条** 依法登记取得或者依据民法典第二百二十九条至第二百三十一条规定取得建筑物专有部分所有权的人，应当认定为民法典第二编第六章所称的业主。

基于与建设单位之间的商品房买卖民事法律行为，已经合法占有建筑物专有部分，但尚未依法办理所有权登记的人，可以认定为民法典第二编第六章所称的业主。

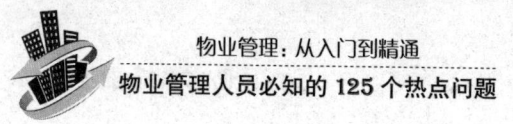

## 2. 承租户能否行使业主的权利？

 现实案例

为方便工作，林某在某小区承租了一套房屋，并与业主张女士签订了房屋租赁合同。一天，林某看到小区宣传栏张贴了召开年度业主大会会议的通知，主要议题有两个：一是增补业主委员会成员；二是重新选聘物业服务企业。林某非常热衷于小区物业管理事务，对参加业主委员会也有很大热情，因此提出要参选业主委员会成员。结果，林某被告知他只是承租户，并非小区的业主，不能参选业主委员会成员，也不享有相应的投票权。林某认为，自己也是小区的一分子，理应享有小区物业管理的权利。那么，作为承租户的林某，是否享有业主的权利呢？其权利边界如何界定呢？

专家解答

房屋的所有权人为业主。业主依法享有物业管理的各项权利，包括参加业主大会会议，行使投票权；选举业主委员会成员，并享有被选举权等。而承租户仅是物业使用人，并不能等同于业主。法律规定了物业使用人的相关权利，但其在物业管理方面的权利是受限制的。

在法律、法规和管理规约有关规定的框架范围内，业主与物业使用人可以约定物业使用人在物业管理活动中的权利义务。根据《物业管理条例》的规定，被选举为业主委员会成员及选聘物业服

一、业主、业主大会及业主委员会

务企业是业主的权利,物业使用人无此权利。但是,在物业管理活动中,业主行使投票权属于民事法律行为,依法可以委托代理,即物业使用人可以接受业主的委托,代理业主投票表决,行使选举权。此时,物业使用人仅仅是代理人,代理的后果由被代理人(业主)承担。比如,承租户接受了业主的委托,代理投票选举业主委员会成员或代理投票解聘物业服务企业,那么,承租户的投票行为视同业主的投票行为,由业主承担投票的后果。

本案中,承租户林某与业主张女士双方如在事前已就物业管理活动中的权利义务进行了约定,或者林某获得了张女士的授权委托,那么,承租户林某可参与相关物业管理活动。当然,除此之外,林某作为物业使用人可以向业主大会、业主委员会提出物业管理方面的意见和建议,以及向行政主管部门投诉反映物业服务企业的服务行为。

 法条链接

**《物业管理条例》**

**第十二条第二款** 业主可以委托代理人参加业主大会会议。

**第十五条** 业主委员会执行业主大会的决定事项,履行下列职责:

……

(三)及时了解业主、物业使用人的意见和建议,监督和协助物业服务企业履行物业服务合同;

……

**第四十一条第一款** 业主应当根据物业服务合同的约定交纳物业服务费用。业主与物业使用人约定由物业使用人交纳物业服务费

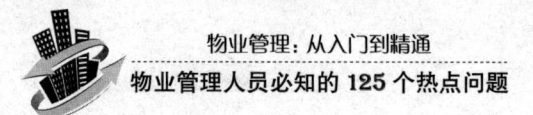

用的，从其约定，业主负连带交纳责任。

**第四十七条** 物业使用人在物业管理活动中的权利义务由业主和物业使用人约定，但不得违反法律、法规和管理规约的有关规定。

物业使用人违反本条例和管理规约的规定，有关业主应当承担连带责任。

**第四十八条** 县级以上地方人民政府房地产行政主管部门应当及时处理业主、业主委员会、物业使用人和物业服务企业在物业管理活动中的投诉。

一、业主、业主大会及业主委员会

# 3. 在物业管理活动中，业主享有哪些权利？

 现实案例

　　某别墅小区一业主向物业公司提出搭建坡道门斗申请，物业公司答复门斗可以改动，但不能扩大到原台阶以外。施工中，业主将门斗扩大到原台阶以外，并在门斗西侧另建一建筑。物业公司两次向该业主发出书面整改通知书，但业主并未调整施工方案，而是继续施工。某日，业主向家中运送施工材料时被物业公司门岗拦下，双方发生冲突。业主认为，其对房屋拥有所有权，搭建坡道门斗属于业主应有的权利，而且其已经告知物业公司，物业公司无权干涉其行为。物业公司认为，业主的搭建行为不但违反了《小区装修现场管理方案》《房屋装饰装修管理协议》《临时管理规约》的有关约定，如"物业管理区域内禁止未经政府有关部门批准和管委会、相邻产权人同意，擅自改变房屋结构、外貌和用途；产权人或使用人装饰装修房屋，应当事先将装饰装修方案报经物业管理企业认可，并与其签订装饰装修管理协议"，而且可能已经构成违法，因此，物业公司致函规划和城市管理部门举报业主的行为。那么，本案中，搭建坡道门斗属于业主在物业管理活动中的权利吗？

专家解答

　　法律、法规规定了业主在物业管理活动中的各项权利，包括：接受物业服务；提议召开业主大会会议；建议制定和修改管理规约、

7

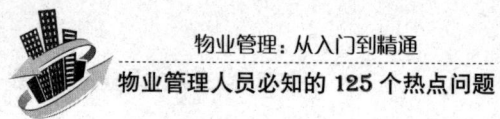

业主大会议事规则;参加业主大会会议,行使投票权;选举和被选举为业主委员会成员;监督业主委员会;监督物业服务企业;对物业共用部分使用情况享有知情权和监督权;监督住宅专项维修资金的管理和使用等。但是,权利和义务是相对等的,业主享有权利的同时也应承担相应的义务。而且,业主行使权利不得与法律规定以及《管理规约》《业主大会议事规则》等文件相抵触。本案中,该业主的行为还违反了《小区装修现场管理方案》《房屋装饰装修管理协议》《临时管理规约》的有关约定。因此,该业主无权擅自搭建坡道门斗。

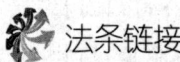 **法条链接**

**《物业管理条例》**

**第六条** 房屋的所有权人为业主。

业主在物业管理活动中,享有下列权利:

(一)按照物业服务合同的约定,接受物业服务企业提供的服务;

(二)提议召开业主大会会议,并就物业管理的有关事项提出建议;

(三)提出制定和修改管理规约、业主大会议事规则的建议;

(四)参加业主大会会议,行使投票权;

(五)选举业主委员会成员,并享有被选举权;

(六)监督业主委员会的工作;

(七)监督物业服务企业履行物业服务合同;

(八)对物业共用部位、共用设施设备和相关场地使用情况享有知情权和监督权;

8

（九）监督物业共用部位、共用设施设备专项维修资金（以下简称专项维修资金）的管理和使用；

（十）法律、法规规定的其他权利。

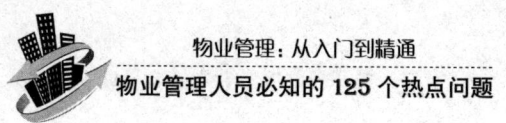

# 4. 在物业管理活动中，业主应当履行哪些义务？

 现实案例

范先生在北京市某小区购买了位于8层的一套房屋，成为该小区的一名业主。入住该小区的当日，范先生与物业公司签订了《前期物业管理合同》，约定物业公司向范先生提供共用设施设备维修养护、秩序维护、清洁卫生等各项物业服务，同时约定物业公司按照《北京市物业服务收费管理办法（试行）》的规定收取物业服务费，并约定物业服务费标准为每月每平方米1.6元。同时范先生还签收了《临时管理规约》，其中约定：业主应当本着维护公共秩序，保护小区环境的原则居住和生活，不得占用公共绿地、道路、楼道等公共部位，不得制造噪声扰民。范先生有饲养宠物的爱好，但由于居室面积限制，范先生将养狗和养猫的笼子放在公共楼道。与范先生居住在同一层的业主一共6户，起初，邻居们以为范先生只是临时占用一下楼道，但半年过去了，范先生丝毫没有将宠物笼子搬走的意思。邻居们纷纷向物业公司和有关部门投诉，要求范先生将笼子搬走。范先生认为，作为小区的一名业主，他享有饲养宠物的权利，而且笼子是摆放在自家门前，其他业主无权干涉。本案中，业主范先生是否应当将饲养宠物的笼子搬走呢？业主的义务都包含哪些内容？

一、业主、业主大会及业主委员会

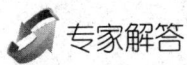 专家解答

范先生买房之后成为小区业主,即房屋的产权人,或者称为建筑物区分所有权人。业主的建筑物区分所有权是一种集合权,包括对专有部分享有的所有权、对建筑区划内的共有部分享有的共有权和共同管理的权利,这三种权利具有不可分离性。业主对建筑物专有部分以外的共有部分,享有权利,承担义务;不得以放弃权利为由不履行义务。虽然范先生是将饲养宠物的笼子放在自家门前,但此门前仍属于公共部位,而并非范先生一人所有。因此,其他共有权人如对这一公共部位的使用提出异议,应由全部共有权人共同决定其用途。《临时管理规约》中亦约定,"业主应当本着维护公共秩序,保护小区环境的原则居住和生活,不得占用公共绿地、道路、楼道等公共部位"。业主有遵守管理规约的义务。因此,业主范先生应当将饲养宠物的笼子搬走。

业主除了应当遵守管理规约,还应当履行如下义务:遵守业主大会议事规则;按时缴纳物业服务费用;执行业主大会的决定和业主大会授权业主委员会作出的决定;按照国家有关规定缴纳专项维修资金等。可见,业主应当履行的义务,不仅包括约定义务,还包括一些法定义务。

法条链接

《中华人民共和国民法典》

**第二百七十三条第一款** 业主对建筑物专有部分以外的共有部分,享有权利,承担义务;不得以放弃权利为由不履行义务。

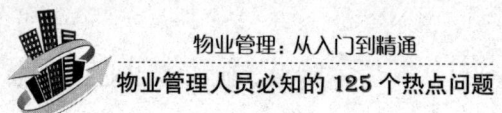

**第二百八十六条第一款** 业主应当遵守法律、法规以及管理规约，相关行为应当符合节约资源、保护生态环境的要求。对于物业服务企业或者其他管理人执行政府依法实施的应急处置措施和其他管理措施，业主应当依法予以配合。

**第九百四十四条第一款** 业主应当按照约定向物业服务人支付物业费。物业服务人已经按照约定和有关规定提供服务的，业主不得以未接受或者无需接受相关物业服务为由拒绝支付物业费。

**《物业管理条例》**

**第七条** 业主在物业管理活动中，履行下列义务：

（一）遵守管理规约、业主大会议事规则；

（二）遵守物业管理区域内物业共用部位和共用设施设备的使用、公共秩序和环境卫生的维护等方面的规章制度；

（三）执行业主大会的决定和业主大会授权业主委员会作出的决定；

（四）按照国家有关规定交纳专项维修资金；

（五）按时交纳物业服务费用；

（六）法律、法规规定的其他义务。

一、业主、业主大会及业主委员会

## 5. 什么是业主大会？业主大会是否有权请求业主依规养宠？

 现实案例

业主赵女士非常喜欢饲养宠物，家中养了两条大狼狗和两只猫。她每天都会带狗在小区内遛弯儿，很多老人和儿童见到这么大的狗都十分害怕，他们多次找物业公司投诉赵女士。结果，赵女士不但不理睬业主的投诉，还把物业公司的工作人员骂了一通。由于家里的空间有限，没有足够的地方安置两只猫，赵女士就将两只猫的笼子搬到了楼道，还每天定时将猫放出来"自由活动"，导致整个楼道里臭气熏天，很多同单元业主的门前都有两只猫的便溺，这引起了业主的强烈不满。业主找到物业公司和业主委员会商量：以小区业主大会的名义书面致函赵女士，要求她按照有关规定饲养宠物，将猫笼子占用的楼道部分腾退出来。如果赵女士仍不理会，将向政府相关部门举报。业主大会将书面通知函交送赵女士后，赵女士声称："饲养狗和猫是我的权利，谁也管不着。业主大会算什么部门，我是业主，我的事我说了算！"那么，什么是业主大会？业主大会有权致函赵女士请求其依规饲养宠物吗？

专家解答

在小区内，业主对房屋的所有权属于《民法典》规定的业主的建筑物区分所有权。对共有部分，全体业主按照其房屋产权份额享

13

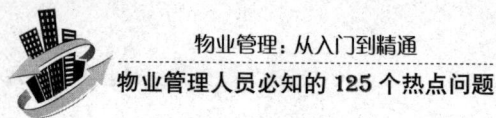

有共有和共同管理的权利。因此，属于共同管理范畴的事务必须体现全体业主的利益。而业主大会就是代表全体业主行使共有和共同管理权利的业主自我管理组织。

业主大会由物业管理区域内的全体业主组成，是物业管理的权利和责任主体，其职责包括：制定和修改业主大会议事规则；制定和修改管理规约；选举业主委员会或者更换业主委员会成员；选聘和解聘物业服务企业；筹集和使用专项维修资金；改建、重建建筑物及其附属设施等有关共有和共同管理权利的事项。业主大会是经业主共同决定而设立的，代表全体业主的利益。因此，业主大会依据相关法律、法规以及管理规约、业主大会议事规则，对相关业主提出要求是正当的。

本案中，业主赵女士饲养的动物造成了扰民，猫笼子长期安放在楼道构成侵占通道，损害了其他业主的合法权益。业主大会和业主委员会有权依法书面致函赵女士，请求其停止侵占通道。

## 法条链接

《中华人民共和国民法典》

第二百八十条第一款　业主大会或者业主委员会的决定，对业主具有法律约束力。

第二百八十六条第二款　业主大会或者业主委员会，对任意弃置垃圾、排放污染物或者噪声、违反规定饲养动物、违章搭建、侵占通道、拒付物业费等损害他人合法权益的行为，有权依照法律、法规以及管理规约，请求行为人停止侵害、排除妨碍、消除危险、恢复原状、赔偿损失。

## 一、业主、业主大会及业主委员会

《物业管理条例》

**第十一条** 下列事项由业主共同决定：

（一）制定和修改业主大会议事规则；

（二）制定和修改管理规约；

（三）选举业主委员会或者更换业主委员会成员；

（四）选聘和解聘物业服务企业；

（五）筹集和使用专项维修资金；

（六）改建、重建建筑物及其附属设施；

（七）有关共有和共同管理权利的其他重大事项。

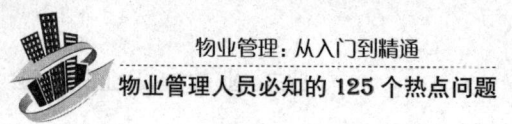

## 6. 物业公司是否有配合业主成立业主大会的义务？

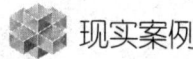

为改善小区业主的居住生活环境，促使广大业主与物业公司平等对话，协商处理物业管理各项事宜，北京市某小区 5 名热心业主向街道办事处提出了成立业主大会的书面申请。街道办事处表示同意，并指定其中 1 名业主为筹备组组长，负责统筹业主大会的各项筹备工作。在筹备过程中，筹备组组长和业主代表找到开发商和物业公司，要求他们加入筹备组，共同推动业主大会的成立。开发商和物业公司都予以拒绝，认为成立业主大会是业主的事情。由于小区有 1000 多户业主，发选票征求意见的工作量较大，筹备组向物业公司提出由物业公司派出 3 名工作人员配合发选票的工作，物业公司以同样的理由拒绝了筹备组的请求。筹备组不认可物业公司的做法，认为物业公司应该与业主共同成立业主大会，并为业主大会的成立提供相关便利条件。那么，业主大会成立时，物业公司是否有配合义务？如果有，是何种配合义务？

专家解答

业主大会由物业管理区域内全体业主组成，代表业主对物业管理事项行使共同管理权。《民法典》规定，业主可以设立业主大会，选举业主委员会，即业主可以成立业主大会，也可以不成立业主大会。本质上,成立业主大会是业主的事情。

成立业主大会涉及多方面工作。按照北京市的相关规定(其他地市亦多有类似规定),在业主大会筹备过程中,街道办事处应指定业主大会筹备组组长,组织建设单位、业主代表成立首次业主大会会议筹备组。可见,建设单位有义务配合筹备组组长和业主代表成立筹备组,并开展相关筹备活动。这一规定主要基于很多建设单位在小区拥有一定份额的产权,尤其有些共用部分的经营权、管理权为其所有;还基于建设单位掌握了较完整的业主名册、业主专有部分面积、建筑物总面积等资料;此外,建设单位还应承担业主大会筹备及召开首次业主大会会议所需费用。因此,将建设单位纳入筹备组,让建设单位配合业主代表开展筹备活动是有依据的。

而物业公司是物业服务的提供者,按照相关法律规定及物业服务合同约定,专职为业主提供物业服务。而且,包括筹备组中的业主代表都不能与物业公司有直接利益关系,物业公司在业主大会成立过程中要尽量避嫌。因此,筹备组组长、业主代表要求物业公司与其共同成立筹备组,要求物业公司派出工作人员协助发选票等是没有根据的。从这一角度来讲,物业公司没有配合义务。但物业公司也并非没有任何配合义务。对于一些建成多年的小区,只有物业公司相对更为了解详细准确的业主名册信息,此时物业公司应当配合业主大会筹备组开展业主身份确认等工作。

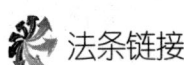
**法条链接**

《中华人民共和国民法典》

**第二百七十七条第一款** 业主可以设立业主大会,选举业委

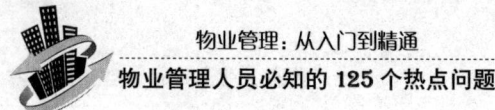

员会。业主大会、业主委员会成立的具体条件和程序，依照法律、法规的规定。

**《物业管理条例》**

**第十条** 同一个物业管理区域内的业主，应当在物业所在地的区、县人民政府房地产行政主管部门或者街道办事处、乡镇人民政府的指导下成立业主大会，并选举产生业主委员会。但是，只有一个业主的，或者业主人数较少且经全体业主一致同意，决定不成立业主大会的，由业主共同履行业主大会、业主委员会职责。

**《业主大会和业主委员会指导规则》**

**第十一条** 筹备组中业主代表的产生，由街道办事处、乡镇人民政府或者居民委员会组织业主推荐。

筹备组应当将成员名单以书面形式在物业管理区域内公告。业主对筹备组成员有异议的，由街道办事处、乡镇人民政府协调解决。

建设单位和物业服务企业应当配合协助筹备组开展工作。

# 一、业主、业主大会及业主委员会

## 7. 什么是业主委员会？

 现实案例

某小区选举了业主委员会，并在属地街道办事处完成备案。由于对物业公司的服务不满，业主委员会主任于当年10月说服业主委员会其他成员解聘现在的物业公司，重新选聘新的物业公司，并以业主委员会决定的形式形成了相关文件。随后，业主委员会向物业公司送达了终止物业服务合同，解聘物业公司的决定的文件。物业公司经讨论研究，认为目前物业服务费欠缴率高，公司经营困难，同意业主委员会的决定，撤出小区。10月26日，物业公司在小区宣传栏张贴退出小区的正式公告。业主张先生看到物业公司张贴的公告后非常不满，认为物业公司的服务还可以，业主委员会不应当不经业主大会决议就解聘物业公司。业主委员会认为，当时物业服务合同签订双方是业主委员会和物业公司，现在双方都同意终止物业服务合同，因此，不需经业主大会表决同意，单个业主也不能提出异议。本案中，业主委员会有权自行解聘物业公司吗？

专家解答

按照《民法典》的规定，选聘物业公司属于业主共同决定事项范畴，依法应当由专有部分面积占比三分之二以上的业主且人数占比三分之二以上的业主参与表决，并应当经参与表决专有部分面积过半数的业主且参与表决人数过半数的业主同意。

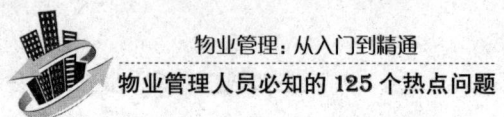

按照《物业管理条例》的规定，业主委员会执行业主大会的决定事项，履行下列职责：召集业主大会会议，报告物业管理的实施情况；代表业主与业主大会选聘的物业服务企业签订物业服务合同；及时了解业主、物业使用人的意见和建议，监督和协助物业服务企业履行物业服务合同；监督管理规约的实施；业主大会赋予的其他职责。

由此可见，业主委员会是业主大会的执行机构。业主委员会由全体业主选出，作为业主大会／全体业主的常设执行机构存在，业主委员会本身并无权决定解聘物业公司。

本案中，解聘物业公司的决定，是业主委员会主任说服业主委员会其他成员后形成的，属执行机构业主委员会的意志体现，并不能代表业主大会或全体业主。

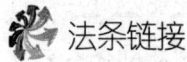 法条链接

《中华人民共和国民法典》

第二百七十八条　下列事项由业主共同决定：

（一）制定和修改业主大会议事规则；

（二）制定和修改管理规约；

（三）选举业主委员会或者更换业主委员会成员；

（四）选聘和解聘物业服务企业或者其他管理人；

（五）使用建筑物及其附属设施的维修资金；

（六）筹集建筑物及其附属设施的维修资金；

（七）改建、重建建筑物及其附属设施；

（八）改变共有部分的用途或者利用共有部分从事经营活动；

（九）有关共有和共同管理权利的其他重大事项。

业主共同决定事项，应当由专有部分面积占比三分之二以上的业主且人数占比三分之二以上的业主参与表决。决定前款第六项至第八项规定的事项，应当经参与表决专有部分面积四分之三以上的业主且参与表决人数四分之三以上的业主同意。决定前款其他事项，应当经参与表决专有部分面积过半数的业主且参与表决人数过半数的业主同意。

**《物业管理条例》**

第十五条　业主委员会执行业主大会的决定事项，履行下列职责：

（一）召集业主大会会议，报告物业管理的实施情况；

（二）代表业主与业主大会选聘的物业服务企业签订物业服务合同；

（三）及时了解业主、物业使用人的意见和建议，监督和协助物业服务企业履行物业服务合同；

（四）监督管理规约的实施；

（五）业主大会赋予的其他职责。

## 8. 欠费业主能进入业主委员会吗？

 现实案例

某小区有 700 余户业主，有 8 名业主联名书面申请成立小区的业主大会，其目的是成立业主大会后依法解聘物业公司。街道办事处同意了成立业主大会的申请，要求他们按照相关规定按时完成筹备工作，并顺利召开首次业主大会会议。但对于成立业主大会，小区业主有两种截然不同的意见。同意成立业主大会一派认为，物业公司服务质量低下，服务态度差，应该尽快解聘目前的物业公司，而解聘物业公司必须先成立业主大会。反对成立业主大会的一派认为，物业公司的服务能够接受，不成立业主大会小区一样可以运转，而且提出成立业主大会申请的业主中有 5 个人长年拖欠物业费，他们不能代表业主的合法利益，不能进入业主委员会。本案中，欠费业主能否被选举进入业主委员会？

专家解答

《物业管理条例》《业主大会和业主委员会指导规则》等并未明确禁止欠费业主参选业主委员会。当然，业主可通过《管理规约》《业主大会议事规则》约定欠费业主不得进入业主委员会。

需要注意的是，《全国人民代表大会常务委员会法制工作委员会关于 2021 年备案审查工作情况的报告》中指出，"有的地方性法规规定，小区业主参选业主委员会成员的前提条件之一是必须'按

# 一、业主、业主大会及业主委员会

时交纳物业费等相关费用'。有公民对此规定提出审查建议。我们审查认为，业主委员会是业主自治组织，其参选资格以业主身份为基础。业主未按时交纳物业管理费，属于业主违反物业服务合同的民事违约行为。地方性法规以此限制业主参选业主委员会的资格，与民法典的有关规定相抵触。经沟通，制定机关已对相关规定作出修改"。近几年，多有地方性法规的修改过程中贯彻了这一原则。

## 法条链接

**《物业管理条例》**

**第六条** 房屋的所有权人为业主。

业主在物业管理活动中，享有下列权利：

（一）按照物业服务合同的约定，接受物业服务企业提供的服务；

（二）提议召开业主大会会议，并就物业管理的有关事项提出建议；

（三）提出制定和修改管理规约、业主大会议事规则的建议；

（四）参加业主大会会议，行使投票权；

（五）选举业主委员会成员，并享有被选举权；

（六）监督业主委员会的工作；

（七）监督物业服务企业履行物业服务合同；

（八）对物业共用部位、共用设施设备和相关场地使用情况享有知情权和监督权；

（九）监督物业共用部位、共用设施设备专项维修资金（以下简称专项维修资金）的管理和使用；

（十）法律、法规规定的其他权利。

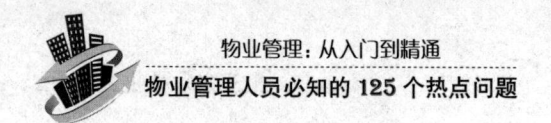

第七条　业主在物业管理活动中，履行下列义务：

（一）遵守管理规约、业主大会议事规则；

（二）遵守物业管理区域内物业共用部位和共用设施设备的使用、公共秩序和环境卫生的维护等方面的规章制度；

（三）执行业主大会的决定和业主大会授权业主委员会作出的决定；

（四）按照国家有关规定交纳专项维修资金；

（五）按时交纳物业服务费用；

（六）法律、法规规定的其他义务。

**《业主大会和业主委员会指导规则》**

第三十一条　业主委员会由业主大会会议选举产生，由5至11人单数组成。业主委员会委员应当是物业管理区域内的业主，并符合下列条件：

（一）具有完全民事行为能力；

（二）遵守国家有关法律、法规；

（三）遵守业主大会议事规则、管理规约，模范履行业主义务；

（四）热心公益事业，责任心强，公正廉洁；

（五）具有一定的组织能力；

（六）具备必要的工作时间。

## 9. 业主的亲属能否进入业主委员会？

### 现实案例

陈女士为其父母在郊区买了一套商品房，供他们养老，但产权证上记载的产权人为陈女士。平时，这套商品房由陈女士的父母居住，陈女士只有在节假日回来看望父母时住上几日。陈女士的父母都已退休，但其父亲仍想发挥余热，当他得知小区要筹备成立业主大会时，就积极要求加入业主委员会。相关负责人要求他提供业主委员会候选人自荐或推荐表、身份证明、产权证明（产权证或购房合同）、物业服务费缴纳证明等一系列材料。当陈女士的父亲提交记载着陈女士为产权人的产权证时，相关负责人告知他不能参选业主委员会，只能由其女儿陈女士参选，因为陈女士才是业主，陈士的父亲并非业主，不能进入业主委员会。本案中，陈女士的父亲能否进入业主委员会？

### 专家解答

房屋的所有权人为业主。业主依法享有物业管理的各项权利，包括参加业主大会会议，行使投票权；选举业主委员会成员，并享有被选举权等。物业使用人并不能等同于业主。法规规定了物业使用人的相关权利，但其在物业管理方面的权利是受限制的。

在法律、法规和管理规约等有关规定的框架范围内，业主与物业使用人可以约定物业使用人在物业管理活动中的权利义务。

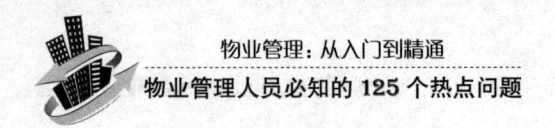

根据《物业管理条例》的规定，业主有被选举为业主委员会成员的权利，物业使用人无此权利。但是，在物业管理活动中，业主行使投票权属于民事法律行为，依法可以委托代理，即物业使用人可以接受业主的委托，代理业主投票表决，行使选举权。此时，物业使用人仅仅是代理人，代理的后果由被代理人（业主）承担。比如，物业使用人接受了业主的委托，代理投票选举业主委员会成员，那么，物业使用人的投票行为视同业主的投票行为，由业主承担投票的后果。

本案中，陈女士如果事先已与其父亲就物业管理活动中的权利义务进行了约定，或者陈女士的父亲获得了陈女士的授权委托，那么，陈女士的父亲可参与相关物业管理活动。此外，如果陈女士在房产证的产权人一列加上其父亲的姓名，则其父亲成为房屋的共有权人，此时其父亲依法亦享有包括被选举为业主委员会成员的业主权利。

## 法条链接

《物业管理条例》

第四十七条 物业使用人在物业管理活动中的权利义务由业主和物业使用人约定，但不得违反法律、法规和管理规约的有关规定。

物业使用人违反本条例和管理规约的规定，有关业主应当承担连带责任。

## 10. 业主委员会活动经费应当由物业公司承担吗？

**现实案例**

近日，某物业公司收到了来自小区业主委员会"关于要求拨付业主委员会活动经费及小区其他相关公用经费的函"，称"由于工作需要，业主委员会新聘请了一名秘书，需要购置一台电脑、一部电话、一部打印机，同时需要向其支付工资。现请你司拨付以下款项：办公用品一次性支付9000元；秘书工资每月支付2000元，可选择按月支付或按年支付。此外，计划下月举行第三次年度业主大会会议，预计费用为10000元，此款项请贵司以现金形式向我委支付，待本次业主大会结束后，再向贵司提交相关财务凭据，并根据实际情况多退少补。以上支付款项，请贵司在9月5日前支付"。本案中，业主委员会关于其活动经费的请求，可以向物业公司提出吗？

**专家解答**

从性质上看，合法的业主委员会活动经费属于为维护小区全体业主在物业管理活动中的权益而产生的费用，应当属于《民法典》上"建筑物及其附属设施的费用分摊、收益分配等事项"，有约定的，按照约定；没有约定或者约定不明确的，按照业主专有部分面积所占比例确定。《业主大会和业主委员会指导规则》规定，业主大会、业主委员会工作经费由全体业主承担。工作经费可以由业主分摊，也可以从物业共有部分经营所得收益中列支。

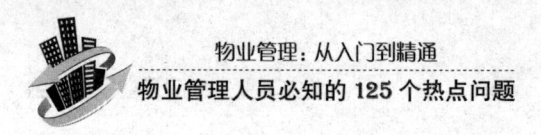

从法理上说，物业公司向业主提供物业服务，并向业主收取物业服务费。物业服务费除部分用于支付管理服务人员的工资、社会保险和按规定提取的福利费用、办公经费、物业服务企业固定资产折旧外，其余基本全部用于支付物业共用部位、共用设施设备的日常运行、维护费用及其他为物业管理共同事项支付的费用。可见，物业服务费是维持物业管理服务正常运转的保障。除了物业服务费，物业公司没有其他收入来源。因此，要求物业公司支付业主委员会活动经费没有法律依据。

## 法条链接

**《中华人民共和国民法典》**

第二百八十三条　建筑物及其附属设施的费用分摊、收益分配等事项，有约定的，按照约定；没有约定或者约定不明确的，按照业主专有部分面积所占比例确定。

**《业主大会和业主委员会指导规则》**

第四十二条　业主大会、业主委员会工作经费由全体业主承担。工作经费可以由业主分摊，也可以从物业共有部分经营所得收益中列支。工作经费的收支情况，应当定期在物业管理区域内公告，接受业主监督。

工作经费筹集、管理和使用的具体办法由业主大会决定。

一、业主、业主大会及业主委员会

## 11. 物业管理用房中包括业主委员会的办公用房吗？

### 现实案例

北京市某小区建成，业主入住后，开发商选聘了一家物业公司作为小区前期物业服务单位。之后，小区业主委员会成立，但面临着没有办公用房的问题。另据了解，在小区竣工后交接查验时，开发商向物业公司提供了600平方米的办公场所。业主委员会遂找到物业公司，要求其提供100平方米作为业主委员会的办公用房，遭到物业公司的拒绝。物业公司称："物业管理用房是开发商提供，专门为物业公司办公所需，而且产权是开发商的，因此，不能提供给业主委员会。"业主委员会又向开发商主张权利，要求其提供办公用房，未果。那么，物业管理用房性质如何？是否包含业主委员会的办公用房部分？

### 专家解答

按照《物业管理条例》的规定，开发商应当按照规定在物业管理区域内配置必要的物业管理用房。物业管理用房的所有权依法属于业主。《民法典》规定，建筑区划内的其他公共场所、公用设施和物业服务用房，属于业主共有。

物业管理用房用途为何，谁可以使用，法律法规并无规定。一般认为，物业管理用房是可以用于物业公司办公、值班、存放工具

29

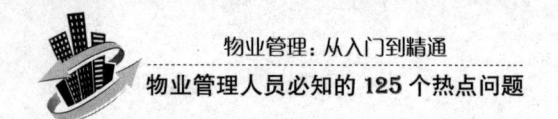

和物料的场所。笔者认为，物业服务用房既然属于业主共有，也可以用于业主委员会办公。

在有些地方性法规中，有关于物业管理（服务）用房用途、面积的规定，如《北京市物业管理条例》规定，新开发建设项目，一个物业管理区域内应当配建独立且相对集中的物业服务用房，满足物业管理设施设备、办公及值班需求，具体面积按照本市公共服务设施配置指标执行。物业服务用房的面积、位置应当在规划许可证、房屋买卖合同中载明。

此外，也可以在《临时管理规约》《管理规约》《物业服务合同》等文件中对物业管理（服务）用房加以约定。

本案中，业主委员会的办公用房可以在依法配建的物业管理用房中分配。

## 法条链接

**《中华人民共和国民法典》**

**第二百七十四条** 建筑区划内的道路，属于业主共有，但是属于城镇公共道路的除外。建筑区划内的绿地，属于业主共有，但是属于城镇公共绿地或者明示属于个人的除外。建筑区划内的其他公共场所、公用设施和物业服务用房，属于业主共有。

**第九百四十九条第一款** 物业服务合同终止的，原物业服务人应当在约定期限或者合理期限内退出物业服务区域，将物业服务用房、相关设施、物业服务所必需的相关资料等交还给业主委员会、决定自行管理的业主或者其指定的人，配合新物业服务人做好交接工作，并如实告知物业的使用和管理状况。

## 一、业主、业主大会及业主委员会

**《物业管理条例》**

**第三十条** 建设单位应当按照规定在物业管理区域内配置必要的物业管理用房。

**第三十四条第二款** 物业服务合同应当对物业管理事项、服务质量、服务费用、双方的权利义务、专项维修资金的管理与使用、物业管理用房、合同期限、违约责任等内容进行约定。

**第三十七条** 物业管理用房的所有权依法属于业主。未经业主大会同意，物业服务企业不得改变物业管理用房的用途。

**《北京市物业管理条例》**

**第十八条** 新开发建设项目，一个物业管理区域内应当配建独立且相对集中的物业服务用房，满足物业管理设施设备、办公及值班需求，具体面积按照本市公共服务设施配置指标执行。物业服务用房的面积、位置应当在规划许可证、房屋买卖合同中载明。

已投入使用但是未配建物业服务用房的，建设单位或者产权单位应当通过提供其他用房、等值的资金等多种方式提供；建设单位和产权单位已不存在的，由街道办事处、乡镇人民政府统筹研究解决。

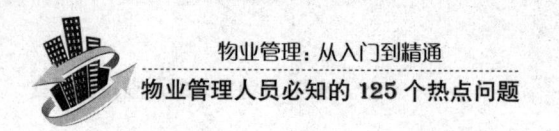

## 12. 什么是（临时）管理规约？

### 现实案例

某小区一层 102 室的业主将自己的房屋租给了一家理发店。自从理发店开业后，为吸引顾客，他们经常用大功率音响播放音乐，严重扰乱了左邻右舍的正常生活。同单元五层的一位业主最近刚刚生完孩子，更是无法忍受吵吵嚷嚷的环境。不仅如此，理发店到晚上12点才关门，给小区带来了安全隐患。业主对此强烈不满，在与理发店协商未果的情况下，只得找到物业公司，让物业公司出面协调。物业公司劝说了几次，刚开始理发店不再播放音乐，可是没过几天，又开始播放音乐。其他业主拿出临时管理规约，要求物业公司根据"业主、物业使用人违反法律法规或本规约规定，侵害他人合法权益的，物业服务企业有权要求其改正；业主、物业使用人拒不改正的，物业服务企业有权向人民法院提起诉讼"的约定，起诉102室的业主和店主非法经营、噪声扰民，赔偿相邻业主的损失。物业公司认为，其不应作为原告起诉，因为其已劝告店主，履行了相关职责，而且临时管理规约仅对业主有效力。那么，物业公司是否也应当遵守临时管理规约的约定呢？临时管理规约对物业公司的主要用途是什么？

### 专家解答

临时管理规约是建设单位在销售物业之前制定的，其主要内容是对有关物业的使用、维护、管理，业主的共同利益，业主应当履

## 一、业主、业主大会及业主委员会

行的义务,违反临时管理规约应当承担的责任等事项的约定。临时管理规约的效力及于建设单位、业主、物业使用人及物业服务企业。当然,涉及物业服务企业的条款相对较少。

管理规约与临时管理规约的相同点在于所规定的内容大致相同;区别在于制定主体不同,临时管理规约由建设单位制定,管理规约是业主大会成立时业主表决通过而制定的,管理规约也可以做出相应修改。实践中,首次业主大会会议筹备组根据物业所在地房地产行政主管部门制定的示范文本制定管理规约,并提交业主大会会议表决,由专有部分面积占比三分之二以上的业主且人数占比三分之二以上的业主参与表决,并经参与表决专有部分面积过半数的业主且参与表决人数过半数的业主同意,管理规约即生效,对全体业主具有约束力。

本案中,由物业公司请求法院判令业主承担恢复原状、停止侵害、排除妨碍等相应民事责任,不仅具有法律依据,而且具有约定理由。按照《最高人民法院关于审理物业服务纠纷案件适用法律若干问题的解释》,物业公司对于业主违反法律、法规、管理规约的行为,有权诉请法院依法判决。小区临时管理规约也约定了"业主、物业使用人违反法律法规或本规约规定,侵害他人合法权益的,物业服务企业有权要求其改正;业主、物业使用人拒不改正的,物业服务企业有权向人民法院提起诉讼"。而小区102室的业主将自己的房屋租给理发店进行经营的行为,属于住宅改商业用房,按照《民法典》的规定,业主将住宅改变为经营性用房的,除遵守法律、法规以及管理规约外,应当经有利害关系的业主一致同意。102室的业主未经有利害关系的业主同意,就将房屋租赁给他人当作理发店从事经营活动,还导致相关业主正常生活秩序被打乱,显然,这

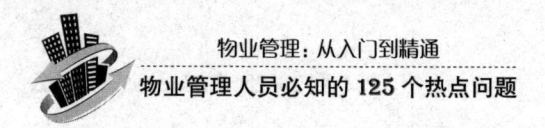

一行为违反了法律、法规以及管理规约。物业公司应当根据法律规定和相关约定，在劝说无效的情况下，起诉102室的业主和理发店。这不仅有利于维护其他业主的合法权益，还有利于物业公司正常地开展物业服务活动。

除了上述情况，对于业主欠缴物业服务费等侵害全体业主合法权益的行为，（临时）管理规约也可作出相应的违约责任约定。物业服务企业可据此维护其自身及小区业主的公共利益。

此外，应当注意的是，管理规约对全体业主具有约束力，包括通过二手房交易的新业主，也应遵守已经制定的管理规约，不能以其没有参与制定管理规约为由，否定管理规约对其具有约束力，但管理规约应当尊重社会公德，不得违反法律、法规或者损害社会公共利益，否则属于无效约定。

## 法条链接

**《中华人民共和国民法典》**

**第二百七十九条** 业主不得违反法律、法规以及管理规约，将住宅改变为经营性用房。业主将住宅改变为经营性用房的，除遵守法律、法规以及管理规约外，应当经有利害关系的业主一致同意。

**《物业管理条例》**

**第十一条** 下列事项由业主共同决定：

……

（二）制定和修改管理规约；

……

**第十七条** 管理规约应当对有关物业的使用、维护、管理，业主的共同利益，业主应当履行的义务，违反管理规约应当承担的责任等事项依法作出约定。

管理规约应当尊重社会公德，不得违反法律、法规或者损害社会公共利益。

管理规约对全体业主具有约束力。

**第二十二条** 建设单位应当在销售物业之前，制定临时管理规约，对有关物业的使用、维护、管理，业主的共同利益，业主应当履行的义务，违反临时管理规约应当承担的责任等事项依法作出约定。

建设单位制定的临时管理规约，不得侵害物业买受人的合法权益。

**《最高人民法院关于审理物业服务纠纷案件适用法律若干问题的解释》**

**第一条** 业主违反物业服务合同或者法律、法规、管理规约，实施妨碍物业服务与管理的行为，物业服务人请求业主承担停止侵害、排除妨碍、恢复原状等相应民事责任的，人民法院应予支持。

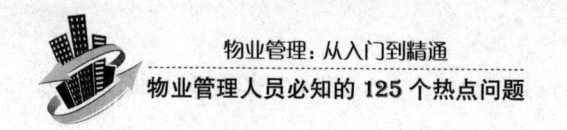

# 13. 什么是业主大会议事规则？

## 现实案例

北京市某小区经70%以上业主讨论通过了《××小区业主大会议事规则（表决稿）》，其中规定，"授权业主委员会采用邀请招标的方式选聘物业服务企业""授权业主委员会在物业服务合同到期或物业服务企业出现严重违约时终止物业服务合同"等。

属地监管业主大会和业主委员会的街道办事处认为，上述内容违反了法律、法规的规定，作出了撤销《××小区业主大会议事规则（表决稿）》的决定。

业主委员会不服街道办事处的决定，将其告上法庭，请求法院撤销街道办事处的决定。

法院经审理认为，街道办事处的决定有事实依据，符合法律、法规规定，驳回了业主委员会的诉讼请求。

## 专家解答

业主大会议事规则是全体业主关于业主大会组织架构与活动规范的约定，主要内容包括业主大会的议事方式、表决程序、业主委员会的组成和成员任期等事项。业主大会议事规则应当由专有部分面积占比三分之二以上的业主且人数占比三分之二以上的业主参与表决，并经参与表决专有部分面积过半数的业主且参与表决人数过半数的业主同意，对全体业主具有约束力。

一、业主、业主大会及业主委员会

本案中,关于业主委员会职权的约定,即选聘物业服务企业以及终止物业服务合同事项,根据《民法典》及《物业管理条例》的规定,是业主共同决定的事项。由业主大会行使的专属权利被授权由业主委员会行使,违反了法律法规的相关规定。业主大会议事规则可以自主约定本物业项目相关事项,但必须以不违反法律法规的规定为前提。

因此,街道办事处的决定有事实和法律依据,应当驳回业主委员会的诉讼请求。

## 法条链接

**《中华人民共和国民法典》**

**第二百七十八条** 下列事项由业主共同决定:

(一)制定和修改业主大会议事规则;

……

业主共同决定事项,应当由专有部分面积占比三分之二以上的业主且人数占比三分之二以上的业主参与表决。决定前款第六项至第八项规定的事项,应当经参与表决专有部分面积四分之三以上的业主且参与表决人数四分之三以上的业主同意。决定前款其他事项,应当经参与表决专有部分面积过半数的业主且参与表决人数过半数的业主同意。

**《物业管理条例》**

**第七条** 业主在物业管理活动中,履行下列义务:

(一)遵守管理规约、业主大会议事规则;

……

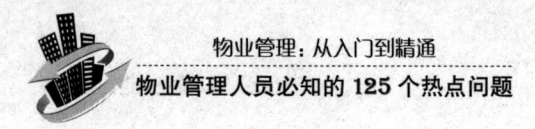

**第十一条** 下列事项由业主共同决定：

（一）制定和修改业主大会议事规则；

……

**第十八条** 业主大会议事规则应当就业主大会的议事方式、表决程序、业主委员会的组成和成员任期等事项作出约定。

## 14. 什么时候可以召开业主大会会议？

### 现实案例

老李是某小区的业主，自己虽然不是业主委员会成员，但他热衷参加小区公共事务，日常总爱到业主委员会办公室找人聊天，也时常提出一些意见和建议。近来，老李发现小区停车比较乱，便建议业主委员会将固定车位变成流动车位，缓解这一矛盾。业主委员会某成员告知老李，这需要召开业主大会会议，但得等一等，还没到开会的时候。老李有点不解，一定要等吗？

### 专家解答

按照《物业管理条例》的规定，业主大会会议分为定期会议和临时会议。业主大会定期会议应当按照业主大会议事规则的规定召开。经20%以上的业主提议，业主委员会应当组织召开业主大会临时会议。

同时，成立业主大会的小区都会制定本小区的《业主大会议事规则》，对如何召开业主大会会议作出详细规定。

本案中，业主委员会某成员所称业主大会会议还得等一等才能开，并不完全正确，其所指的应当是业主大会定期会议的情形，每年会在固定的时间召开。但是如果经20%以上的业主提议，可以召开业主大会临时会议，而不必等定期会议的会期。

## 法条链接

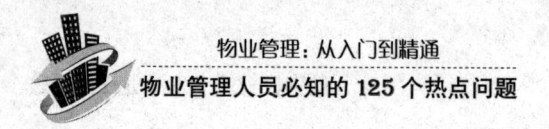

**《物业管理条例》**

**第十三条** 业主大会会议分为定期会议和临时会议。

业主大会定期会议应当按照业主大会议事规则的规定召开。经 20% 以上的业主提议，业主委员会应当组织召开业主大会临时会议。

**第十四条** 召开业主大会会议，应当于会议召开 15 日以前通知全体业主。

住宅小区的业主大会会议，应当同时告知相关的居民委员会。

业主委员会应当做好业主大会会议记录。

## 二、前期物业管理

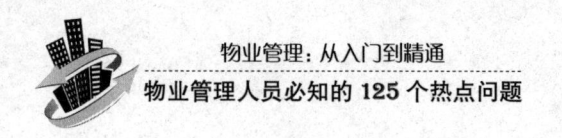

## 15. 物业公司开展物业服务必须取得资质证书吗？

### 现实案例

2015年，上海市某小区发生了多起入室盗窃案，有两家业主先后遭受了财产损失。业主们对物业公司的服务非常不满，要求物业公司提供各类证照、公开近几年的账目。物业公司声称其是经过区工商局批准提供物业服务的合法企业，并提供了营业执照，但没有提供其他证明文件。业主认为，这家物业公司可能存在问题，遂将其举报到区房管局。经查，该物业公司没有办理资质证书，涉嫌无资质经营，最终该物业公司被处以5万元罚款。从事物业服务的公司取得营业执照后，还必须取得资质证书吗？

### 专家解答

2018年修订前，《物业管理条例》第三十二条规定："从事物业管理活动的企业应当具有独立的法人资格。国家对从事物业管理活动的企业实行资质管理制度。具体办法由国务院建设行政主管部门制定。"第五十九条第一款规定："违反本条例的规定，未取得资质证书从事物业管理的，由县级以上地方人民政府房地产行政主管部门没收违法所得，并处5万元以上20万元以下的罚款；给业主造成损失的，依法承担赔偿责任。"按照这一要求，从事物业管理活动的企业除了应当具有独立法人资格，还应具备从事物业管理活动的资质。

## 二、前期物业管理

新设立的物业服务企业应当在领取营业执照之日起 30 日内向相关房地产主管部门申请资质。取得资质之后，物业服务企业才可从事经营活动。

但是，自 2017 年 1 月 12 日起，国家关于物业服务企业资质出台了新政策。

2017 年 1 月 12 日，国务院发布《关于第三批取消中央指定地方实施行政许可事项的决定》（国发〔2017〕7 号），取消物业服务企业二级及以下资质认定。同时规定，取消审批后，住房城乡建设部要研究制定物业服务标准规范，通过建立黑名单制度、信息公开、推动行业自律等方式，加强事中事后监管。

2018 年 3 月 8 日，《住房城乡建设部关于废止〈物业服务企业资质管理办法〉的决定》发布。

综上，以 2017 年 1 月 12 日为起算点，从事物业服务的物业服务企业取得营业执照后，无须再取得资质证书。

### 法条链接

**《物业管理条例》**

**第三十二条** 从事物业管理活动的企业应当具有独立的法人资格。

国务院建设行政主管部门应当会同有关部门建立守信联合激励和失信联合惩戒机制，加强行业诚信管理。

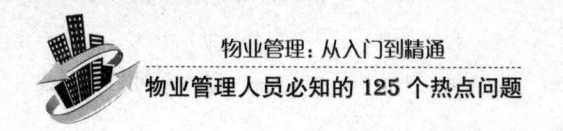

## 16. 物业公司如何取得前期物业管理权？

**现实案例**

某物业公司新成立不久，急需拓展业务。为尽快熟悉物业管理业务，有针对性地提供物业服务，该物业公司打算从前期物业管理入手，在物业项目可行性研究阶段或物业项目施工阶段介入，最迟在物业项目工程结束、准备竣工阶段介入。但是，该物业公司对于如何取得前期物业管理的资格并不清楚。那么，该物业公司通过何种途径才能获得前期物业管理权呢？

**专家解答**

对于前期物业管理服务，物业公司大致可以通过两种途径取得管理和服务的资格：第一种是投标；第二种是协议。

对于住宅物业项目，国家规定建设单位必须通过招投标的方式选聘物业服务企业。对于住宅物业项目前期物业管理权的取得，国家是有强制性规定的。物业公司如果想取得住宅项目的物业管理权，必须根据建设单位发布的招标公告进行投标，才有机会取得相应的管理和服务的资格。当然，其他类物业项目，国家虽然不作强制要求，但建设单位亦可通过招投标方式选聘物业服务企业。物业公司作为投标人参与投标时，应当按照建设单位招标文件的内容和要求编制投标文件，投标文件应当对招标文件提出的实质性要求和条件作出响应。投标文件一般包括投标函、投标报价、物业管理方案及

## 二、前期物业管理

招标文件要求提供的其他材料等内容。物业公司中标后，与建设单位按照招投标文件订立书面物业管理委托合同即可。

对于非住宅类物业项目，如商业、办公、工业、医院、学校等，建设单位可以通过协议选聘的方式，选择物业服务企业提供服务。还有一种特殊情况就是住宅物业项目，通过招投标方式选聘企业但投标人少于3个或者住宅规模较小的，经物业所在地的区、县人民政府房地产行政主管部门批准，可以采用协议方式选聘物业服务企业。因此，以上两大类物业项目可以通过协议方式选聘物业服务企业。双方经协商，对物业管理事项、服务质量、服务费用、双方的权利义务、物业管理用房、合同期限、违约责任等内容达成一致后，通过订立前期物业服务合同的形式进行约定即可。

### 法条链接

《物业管理条例》

**第二十一条** 在业主、业主大会选聘物业服务企业之前，建设单位选聘物业服务企业的，应当签订书面的前期物业服务合同。

**第二十四条** 国家提倡建设单位按照房地产开发与物业管理相分离的原则，通过招投标的方式选聘物业服务企业。

住宅物业的建设单位，应当通过招投标的方式选聘物业服务企业；投标人少于3个或者住宅规模较小的，经物业所在地的区、县人民政府房地产行政主管部门批准，可以采用协议方式选聘物业服务企业。

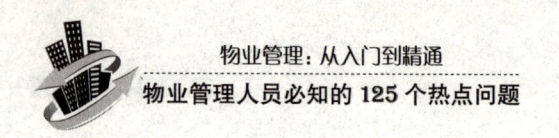

## 17. 物业公司在与建设单位签订前期物业服务合同时，应当如何约定合同期限？

### 现实案例

某商品房小区，从 2017 年 2 月开始入住业主。业主在买房时，除了与开发商签订了商品房销售合同，还同时签订了前期物业服务合同，约定由南京某物业公司提供前期物业服务，合同期限为 3 年。2018 年 10 月，小区业主委员会成立。业委会成立后，组织业主召开了业主大会会议，决定解聘前期物业服务单位南京某物业公司，同时选聘了北京当地的一家物业公司。业主大会作出决议后，向南京某物业公司发函，要求其于 2018 年 11 月 1 日正式退出小区，并与业主委员会进行交接。南京某物业公司对此提出异议，认为前期物业服务合同中约定管理期限至 2020 年 1 月 31 日终止，现在还不能解除合同，遂不同意退出小区。本案中，南京某物业公司应否退出小区呢？物业公司在与建设单位签订前期物业服务合同时，应当如何约定合同期限？

### 专家解答

《物业管理条例》第二十六条规定："前期物业服务合同可以约定期限；但是，期限未满、业主委员会与物业服务企业签订的物业服务合同生效的，前期物业服务合同终止。"如果比照该条文签订前期物业服务合同，属于附条件合同，当条件（新签订的物业服务合同生效）成就时，前期物业服务合同终止。

## 二、前期物业管理

因此，业主委员会与物业服务企业签订的物业服务合同生效的，前期物业服务合同终止。本案中，小区业主委员会组织业主召开了业主大会会议，并已作出关于解聘前期物业服务单位南京某物业公司、同时选聘北京当地的一家物业公司的决议。因此，业主委员会与新物业公司之间的物业服务合同生效时，开发商与南京某物业公司之间签订的前期物业服务合同关系即行终止。物业服务合同的权利义务终止后，业主委员会请求前期物业服务企业退出物业服务区域、移交物业服务用房和相关设施，以及物业服务所必需的相关资料和由其代管的专项维修资金的，人民法院应予支持。因此，南京某物业公司应当于2018年11月1日退出小区，并与业主委员会进行物业项目交接。

值得关注的是，2021年1月1日起生效的《民法典》对前期物业服务合同期限作出了与《物业管理条例》相类似的规定。

### 法条链接

**《中华人民共和国民法典》**

**第一百五十八条** 民事法律行为可以附条件，但是根据其性质不得附条件的除外。附生效条件的民事法律行为，自条件成就时生效。附解除条件的民事法律行为，自条件成就时失效。

**第九百四十条** 建设单位依法与物业服务人订立的前期物业服务合同约定的服务期限届满前，业主委员会或者业主与新物业服务人订立的物业服务合同生效的，前期物业服务合同终止。

**《物业管理条例》**

**第二十六条** 前期物业服务合同可以约定期限；但是，期限未满、业主委员会与物业服务企业签订的物业服务合同生效的，前期物业服务合同终止。

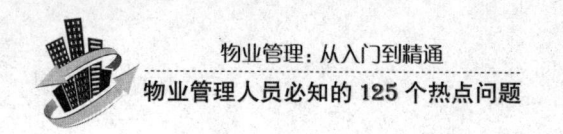

## 18. 建设单位与物业公司签订的前期物业服务合同对业主有约束力吗？

### 现实案例

2019年5月，某物业公司接受某小区开发商委托，作为小区的前期物业服务单位。赵某自2019年7月入住该小区起，从未缴纳过物业费，物业公司曾多次打电话或发函催要，赵某无正当理由一直未予支付物业费。物业是全体产权人的物业，物业公司不能因为赵某不交费而停止服务，因此赵某在欠费期间仍然享受了物业公司所提供的电梯、水泵、维修、保洁、保安等各项服务。2021年4月，物业公司将赵某起诉到法院，要求赵某给付2019年7月1日至2021年4月30日所欠的物业费共计3687.63元，违约金368.76元，共计4056.39元；诉讼费由赵某负担；并要求赵某严格遵守公约，按时缴费、履行业主义务。赵某辩称：双方因未签订任何物业服务合同，故并不存在物业合同关系；物业服务合同是物业公司与开发商之间签订的，未经其同意；而且，物业公司根本没有提供合格的物业服务：存在私自将绿地改停车位，私自出租4号楼地下室，绿化养护不管，电梯无保养和维修，经常关人、夹人，楼内卫生差等一系列问题。赵某请求法院驳回物业公司的诉讼请求。本案中，赵某应否缴纳物业公司提出的物业服务费呢？建设单位与物业公司签订的前期物业服务合同对业主有约束力吗？

## 二、前期物业管理

### 专家解答

物业管理涉及物业管理区域内全体业主的共同利益，而对新建小区来说，由于业主的入住是一个逐渐的过程。前期物业服务合同是在业主大会还未成立时，由建设单位和物业服务企业就物业的有关事项所达成的协议。合同的签订主体并非业主。主要是因为小区在建设之初，面临着入住率低等现实情况，无法成立业主大会，不能行使选聘、管理等权利，所以由建设单位代为行使。因此，法规规定了由开发商选聘一家物业服务企业作为前期物业服务单位统一为整个物业项目服务。法律明确规定，建设单位依法与物业服务人订立的前期物业服务合同，对业主具有法律约束力。

本案中，物业公司于2019年5月接受开发商委托对赵某所在小区进行物业管理，赵某也享受了物业服务，故赵某应缴纳物业服务费。赵某以其与物业公司未签订物业管理合同为由不同意缴纳物业服务费的辩称意见没有法律依据。

### 法条链接

《中华人民共和国民法典》

**第九百三十九条**　建设单位依法与物业服务人订立的前期物业服务合同，以及业主委员会与业主大会依法选聘的物业服务人订立的物业服务合同，对业主具有法律约束力。

《物业管理条例》

**第二十五条**　建设单位与物业买受人签订的买卖合同应当包含前期物业服务合同约定的内容。

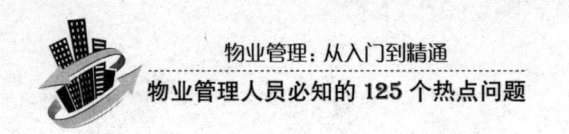

## 19. 建设单位是否有权更换前期物业服务企业？

### 现实案例

某小区自2017年9月起开始入住。开发商通过招投标选定甲物业公司为前期物业服务企业，前期物业服务合同自2017年9月10日起至2020年9月10日止，期限为3年。业主王女士签订的购房合同中对前期物业服务作了以上约定。但2018年1月2日，乙物业公司经理找到王女士，声称其公司已接管该小区，并要求她缴纳物业费。王女士予以拒绝，认为小区物业服务单位是甲物业公司，乙物业公司无权向业主收取物业费。乙物业公司辩称："甲物业公司不愿继续为小区提供物业服务，开发商与甲物业公司已解除委托关系；我公司已正式与开发商签订委托管理合同，从现在起请您将物业服务费交给我公司。"业主王女士反驳说，截至2018年1月1日，90%的小区业主已经入住，开发商虽在小区保留了部分产权，但仅是小区的业主之一，因此，开发商不具备再次选聘新物业公司的资格，无权自行更换物业公司，而只能由业主自己决定选聘新物业服务单位。另据了解，该小区仍未成立业主委员会。本案中，前期物业服务企业已经确定后，开发商是否有权更换物业公司？

### 专家解答

司法实践中，常有观点认为在前期物业管理阶段，开发商有权

## 二、前期物业管理

自行重新选聘物业服务企业。主要依据是《物业管理条例》中关于前期物业管理的规定,即"在业主、业主大会选聘物业服务企业之前,建设单位选聘物业服务企业的,应当签订书面的前期物业服务合同"。

笔者认为,前期物业服务企业一经选定,开发商并不必然具有重新选聘物业服务企业的权利。只有当开发商重新选聘物业服务企业时尚未进行房屋销售,开发商是唯一的大业主,此时开发商才具有重新选聘物业服务企业的权利。否则,开发商无权重新选聘。理由如下:《物权法》(已废止)以及《民法典》均规定"选聘和解聘物业服务企业或者其他管理人"由业主共同决定,而不是由某个业主决定。《物业管理条例》作出前述规定的目的在于解决业主共同意志缺失情况下的物业服务单位选聘问题。本案中,截至2018年1月1日,90%的小区业主已经入住,此时,开发商的身份仅是小区的一个业主而已,已大不同于项目开发之初或建设完成之时。此时,业主共同意志不再缺失。一个业主不能代替全体业主作出决策,况且,其他业主对开发商选聘乙物业公司作为新物业服务企业的决策并不知情。前期物业管理的真正内涵,在于前期物业管理仅仅存在于在业主、业主大会选聘物业服务企业之前的过渡时间。一旦业主大会成立或者全体业主选聘了物业服务企业,业主与物业服务企业之间签订的合同发生效力,就意味着前期物业管理阶段结束。换言之,只要业主有了自行选聘物业服务企业的条件,那么,这种选聘物业服务企业的权利就当然属于业主,而不属于任何其他个人或单位。从本质上说,前期物业管理阶段由开发商代为选聘物业服务企业,属于开发商的义务而不是权利。

本案中,首先,所有入住的业主所签收认可的前期物业服务合同中约定的前期物业服务单位是甲物业公司;其次,小区业主已入住 90%，业主已经具备了自行选聘物业服务企业的条件。因此，不论何种原因导致已选定的甲物业公司不能继续提供物业服务而需另行选聘物业公司，都应当由业主共同决定。

## 法条链接

**《中华人民共和国民法典》**

**第二百七十八条** 下列事项由业主共同决定：

……

（四）选聘和解聘物业服务企业或者其他管理人；

……

业主共同决定事项，应当由专有部分面积占比三分之二以上的业主且人数占比三分之二以上的业主参与表决。决定前款第六项至第八项规定的事项，应当经参与表决专有部分面积四分之三以上的业主且参与表决人数四分之三以上的业主同意。决定前款其他事项，应当经参与表决专有部分面积过半数的业主且参与表决人数过半数的业主同意。

**《物业管理条例》**

**第二十一条** 在业主、业主大会选聘物业服务企业之前，建设单位选聘物业服务企业的，应当签订书面的前期物业服务合同。

二、前期物业管理

## 20. 物业公司应当如何开展交接查验工作？

### 现实案例

某小区先后有甲、乙两家物业公司提供物业服务。2020年8月16日，小区业主委员会与乙物业公司解除了物业服务合同。双方在街道办事处的协调下进行了档案资料交接，双方代表人在交接单上签了字。但业主委员会认为乙物业公司不仅没有完全履行交接义务，未向业主委员会移交规划、水电等竣工图、会所竣工图、物业服务用房和相关设施，还损坏了小区的财产。小区路灯歪的歪、躺的躺，多处无灯泡，监控室设施要么无图像，要么模糊不清，失去了监控用途。健身器材部分不能使用。乙物业公司辩称，在其接管小区时，甲物业公司就没有向其移交物业管理资料，因此，乙物业公司也无法向业主委员会移交。另有一部分资料甲物业公司移交给了业主委员会，而没有移交给乙物业公司。小区目前有些设施是损坏的，但责任不应当完全由其承担，因为健身器材都是业主在使用过程中损坏的。那么，物业公司应当如何开展交接查验工作呢？

### 专家解答

从交接查验的范围来看，应该包括物业管理资料的移交和共用设施设备、相关场地等物业共用部分的查验交接。其中，物业管理资料包括：（1）竣工总平面图，单体建筑、结构、设备竣工图，配套设施、地下管网工程竣工图等竣工验收资料；（2）设施设备的安

53

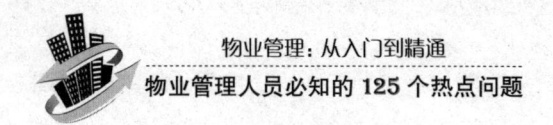

装、使用和维护保养等技术资料；(3)物业质量保修文件和物业使用说明文件；(4)物业管理所必需的其他资料。

本案中，业主委员会要求乙物业公司向其移交物业管理相关资料，但乙物业公司并非小区的第一任物业服务单位，其于接管小区提供物业服务时，曾接受哪些物业资料已难以证明。业主委员会如不能提供证据证明在乙物业公司接管小区时接收的物业管理资料的内容，法院将无法支持其诉请。

物业共用部分的查验应当由业主委员会和乙物业公司共同进行。对于查验出的小区路灯、监控室设施、健身器材等问题，如属乙物业公司服务期间服务不到位造成的，则应由乙物业公司承担损害赔偿责任。乙物业公司如能证明健身器材的损坏系由业主人为损坏，则在其提供相关证据后免除赔偿责任。

物业项目交接中，经常发生关于移交资料范围的纠纷，尤其是已经经历多家物业公司提供物业服务的小区，业主、业主委员会起诉物业公司拒不移交相关资料的案件时有发生。因此，在物业项目交接问题上，物业公司从接管物业项目之时就应树立交接风险意识。合同到期或出现其他应当撤管物业项目的情况时，按照《物业管理条例》，物业公司有义务与业主委员会和下家物业公司做好交接工作。因此，为了以后能说明白自己接管小区时都接收了哪些档案资料，物业公司在接管时就应与移交方做好档案资料的承接查验，并进行记录，将查验时间、项目名称、查验范围、查验方法、存在问题、修复情况以及查验结论等内容作详细记录，并由各方签字确认。同时，物业公司应当加强档案资料的管理工作，谨防丢失或损坏。

## 法条链接

**《中华人民共和国民法典》**

**第九百四十九条第一款** 物业服务合同终止的,原物业服务人应当在约定期限或者合理期限内退出物业服务区域,将物业服务用房、相关设施、物业服务所必需的相关资料等交还给业主委员会、决定自行管理的业主或者其指定的人,配合新物业服务人做好交接工作,并如实告知物业的使用和管理状况。

**《物业管理条例》**

**第二十九条** 在办理物业承接验收手续时,建设单位应当向物业服务企业移交下列资料:

(一)竣工总平面图,单体建筑、结构、设备竣工图,配套设施、地下管网工程竣工图等竣工验收资料;

(二)设施设备的安装、使用和维护保养等技术资料;

(三)物业质量保修文件和物业使用说明文件;

(四)物业管理所必需的其他资料。

物业服务企业应当在前期物业服务合同终止时将上述资料移交给业主委员会。

**第三十八条** 物业服务合同终止时,物业服务企业应当将物业管理用房和本条例第二十九条第一款规定的资料交还给业主委员会。

物业服务合同终止时,业主大会选聘了新的物业服务企业的,物业服务企业之间应当做好交接工作。

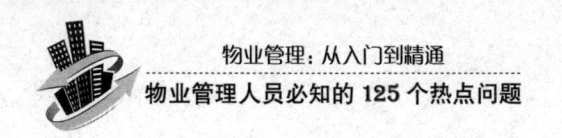

## 21. 物业公司承接查验时发现工程设备有质量问题怎么办？

**现实案例**

某小区竣工后，开发商聘请了某物业公司作为前期物业服务单位。两年后，小区成立业主大会，选举产生业主委员会。不久，业主大会决定解聘前期物业服务单位。在交接查验中，业主委员会发现小区几处机动车车库不符合规划图纸要求，小区安防监控设备不能正常使用，小区绿地也不符合要求。因此，业主委员会要求物业公司解决好这些问题，才能办理交接手续。物业公司称，在其从开发商手中接管小区时，就存在上述问题，责任不在物业公司。本案中，物业公司的辩解理由是否成立？前期物业服务单位在承接查验时发现工程设备有质量问题怎么办？

**专家解答**

物业公司的辩解理由不能成立。物业服务企业在承接物业时，应当对物业共用部位、共用设施设备进行查验。如果发现属于建设单位的责任，则应采取相应的措施。而不能在退出小区，与业主委员会进行交接查验时，才将责任归咎于建设单位。

实际上，按交接主体的不同，承接查验分为两类：一类是前期物业管理之前，前期物业服务单位从建设单位承接查验物业；另一类是前期物业管理阶段之后，新选聘的物业服务企业从业主（业

## 二、前期物业管理

主委员会）承接查验物业。本案属于在第一阶段承接查验时，就存在问题，物业公司没有采取恰当的措施，从而导致了本案纠纷的发生。

前期物业服务单位在与建设单位办理承接查验手续时，如果在现场查验中发现物业共用部位、共用设施设备的数量和质量不符合约定或者规定的情形，应当书面通知建设单位，建设单位应当及时解决并组织物业服务企业复验。而不应当忽视承接查验环节，或者发现问题而不指出。如果发现的问题确实一时难以解决，也应当在查验记录中完整记录，并经查验各方负责人签字确认，以明确责任承担主体。

## 法条链接

《物业管理条例》

第二十八条　物业服务企业承接物业时，应当对物业共用部位、共用设施设备进行查验。

《物业承接查验办法》

第十九条　现场查验应当形成书面记录。查验记录应当包括查验时间、项目名称、查验范围、查验方法、存在问题、修复情况以及查验结论等内容，查验记录应当由建设单位和物业服务企业参加查验的人员签字确认。

第二十条　现场查验中，物业服务企业应当将物业共用部位、共用设施设备的数量和质量不符合约定或者规定的情形，书面通知建设单位，建设单位应当及时解决并组织物业服务企业复验。

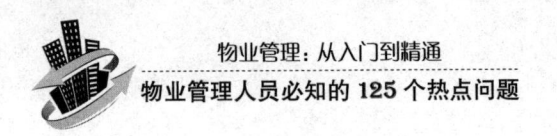

## 22. 建设单位对物业有何保修责任?

### 现实案例

李女士购买了一套两室一厅的商品房,房屋位于1号楼2单元的顶层。李女士拿到新房钥匙后,用了2个月的时间装修,装修完之后,一家人就入住新房了。可是,住了不到半年,李女士就发现屋顶漏水。李女士赶紧打电话给物业公司,要求其维修房顶。可得到的答复是,屋顶漏水属于房屋质量问题,建议由建设单位解决。李女士又给建设单位打电话要求其帮助解决问题。但建设单位称,前期物业管理已全部委托给物业公司,并且向他们支付了相关维修费,应当由物业公司予以维修。本案中,李女士的房顶漏水问题应由谁解决呢?

### 专家解答

李女士的房顶漏水问题应当由建设单位解决。因为李女士刚入住不到1年,屋顶出现漏水属于物业保修责任。即建设单位对物业竣工验收后在保修期内出现不符合工程建筑强制性标准和合同约定的质量缺陷,应当保证修复。在正常使用条件下,屋面防水工程、有防水要求的卫生间、房间和外墙面的防渗漏的保修期为5年。显然,李女士的屋面防水尚在保修期内,应当由建设单位承担保修责任。

本案中,应当正确区分物业保修责任和物业服务企业前期物业管理责任。(1) 从责任主体来看,物业保修责任的主体是建设单位,

## 二、前期物业管理

前期物业管理责任的主体是前期物业服务企业。(2)从责任内容来看,物业保修责任的内容主要是法定的,保修范围有明确法律规定;保修范围包括地基基础工程、主体结构工程、屋面防水工程和其他土建工程,以及电气管线、上下水管线的安装工程,供热、供冷系统工程等项目。前期物业管理责任的内容主要是约定的,由前期物业服务合同进行约定。(3)从责任期限来看,根据不同的工程类别,物业保修责任期限有所不同。在正常使用条件下,基础设施工程、房屋建筑的地基基础工程和主体结构工程,为设计文件规定的该工程的合理使用年限;屋面防水工程、有防水要求的卫生间、房间和外墙面的防渗漏,为5年;供热与供冷系统,为2个采暖期、供冷期;电气管线、给排水管道、设备安装和装修工程,为2年。前期物业管理责任期限,由前期物业服务合同进行约定;但是,期限未满,业主委员会与物业服务企业签订的物业服务合同生效的,前期物业服务合同终止。

因此,业主在维权时应当辨别要维修的物业是否在保修期内,法定责任主体是谁,商品房销售合同及(前期)物业服务合同中的相关约定如何。

### 法条链接

**《物业管理条例》**

**第三十一条** 建设单位应当按照国家规定的保修期限和保修范围,承担物业的保修责任。

**《中华人民共和国建筑法》**

**第六十二条** 建筑工程实行质量保修制度。

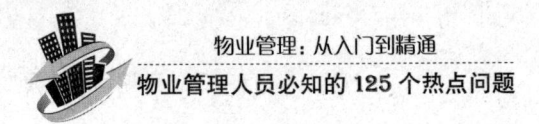

建筑工程的保修范围应当包括地基基础工程、主体结构工程、屋面防水工程和其他土建工程，以及电气管线、上下水管线的安装工程，供热、供冷系统工程等项目；保修的期限应当按照保证建筑物合理寿命年限内正常使用，维护使用者合法权益的原则确定。具体的保修范围和最低保修期限由国务院规定。

《建设工程质量管理条例》

第四十条 在正常使用条件下，建设工程的最低保修期限为：

（一）基础设施工程、房屋建筑的地基基础工程和主体结构工程，为设计文件规定的该工程的合理使用年限；

（二）屋面防水工程、有防水要求的卫生间、房间和外墙面的防渗漏，为5年；

（三）供热与供冷系统，为2个采暖期、供冷期；

（四）电气管线、给排水管道、设备安装和装修工程，为2年。

其他项目的保修期限由发包方与承包方约定。

建设工程的保修期，自竣工验收合格之日起计算。

# 三、物业管理服务

## 23. 物业管理服务包括哪些内容？

### 现实案例

裴女士住在某商品房小区，物业公司按照7.9元/平方米·月的标准收取物业服务费。某天，裴女士家中的水龙头坏了，需要更换一个新的。裴女士就从商店买来一个新的水龙头，并打电话给物业公司，要求派维修人员上门服务。维修人员按照要求为裴女士更换了水龙头，维修结束后，工作人员要求裴女士支付5元的维修服务费。裴女士不解，"物业服务费我都交了，怎么还管我要钱？"维修人员回答说："帮您换水龙头不属于物业服务，而是特约维修服务。我们服务中心都已公示了服务事项和收费事项。请您配合。"本案中，裴女士应否缴纳5元的维修服务费呢？物业管理服务的范围和基本内容都包括哪些？与特约维修服务有何区别？

### 专家解答

本案中的裴女士应当缴纳5元的维修服务费。因为物业公司帮助业主更换户内的水龙头属于特约服务范围，而不属于物业服务范围。

物业服务，是指物业服务企业按照其与业主（前期物业管理阶段为建设单位）签订的物业服务合同约定，对房屋及配套的设施设备和相关场地提供的维修、养护、管理服务，以及对物业管理区域内的环境卫生和相关秩序提供的维护服务。可见，物业服务的对象

## 三、物业管理服务

是物业的共用部位和物业共用设施设备及共用场地等，而不包括业主专有部分（业主户内部分）。物业服务收费也是根据物业服务合同约定的标准收取的。需补充说明的是，物业服务费标准有些特殊情况，如某些地区的经济适用房小区是按照政府指导价收取的。除此之外，均按照合同约定执行。

与物业服务不同，特约服务是为满足个别业主需求而单独提供的。比如，户内自用部位和设备（电灯、插座、水龙头、马桶等）的维修、更换，室内保洁，看护老人、儿童等。其收费标准需要接受服务的业主与物业公司另行约定，当然，也可一并附带写入物业服务合同中。物业公司应将各项服务明码标价，在物业管理区域内的显著位置，将服务内容、服务标准以及收费项目、收费标准等有关情况进行公示。

### 法条链接

**《中华人民共和国民法典》**

**第九百三十七条第一款** 物业服务合同是物业服务人在物业服务区域内，为业主提供建筑物及其附属设施的维修养护、环境卫生和相关秩序的管理维护等物业服务，业主支付物业费的合同。

**《物业管理条例》**

**第二条** 本条例所称物业管理，是指业主通过选聘物业服务企业，由业主和物业服务企业按照物业服务合同约定，对房屋及配套的设施设备和相关场地进行维修、养护、管理，维护物业管理区域内的环境卫生和相关秩序的活动。

**《物业服务收费管理办法》**

**第二条** 本办法所称物业服务收费，是指物业管理企业按照物

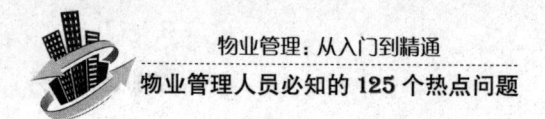

业服务合同的约定，对房屋及配套的设施设备和相关场地进行维修、养护、管理，维护相关区域内的环境卫生和秩序，向业主所收取的费用。

**第八条** 物业管理企业应当按照政府价格主管部门的规定实行明码标价，在物业管理区域内的显著位置，将服务内容、服务标准以及收费项目、收费标准等有关情况进行公示。

三、物业管理服务

## 24. 国家有强制性的物业服务标准吗?

### ◆ 现实案例

孙女士住在一个比较高档的封闭式小区。某日晚9时许,孙女士像往常一样回家,打开房门后,却发现客厅地面上布满了脚印,房间有些凌乱。她赶紧到卧室查看,发现卧室衣柜里的保险箱不见了。保险箱内有多块名牌手表和10万元现金。孙女士立即报警,经民警现场勘查发现,房子大门锁芯完好无损,但卧室的窗户有被撬的痕迹。警方认为,这起入室盗窃是盗贼进入小区后,通过撬开卧室窗户实施的。但由于孙女士卧室部位未在安全监控设施覆盖范围之内,因此,警方在调取监控录像时未发现明显可疑片段。孙女士找到物业公司理论,认为小区门卫没有24小时站岗执勤、保安巡查频次少、车辆出入管理混乱等一系列问题都是导致盗窃发生的原因,因此要求物业公司赔偿其损失。物业公司认为其无责任,孙女士的损失不应当由其赔偿。孙女士咨询了专业律师,律师告诉孙女士:"国家有住宅小区物业管理服务等级标准,即使按照最低的三级标准,小区也应做到24小时执勤。物业公司应当对重点区域、重点部位每3小时至少巡查1次。如果物业公司没做到,就应当承担赔偿责任。"本案中,业主因物业公司服务不符合国家住宅小区物业管理服务等级标准而受到损失,物业公司应当承担赔偿责任吗?

### 专家解答

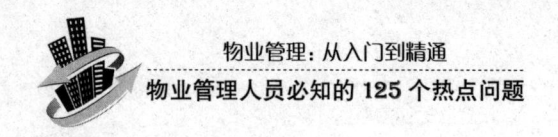

中国物业管理协会于 2004 年发布了《普通住宅小区物业管理服务等级标准（试行）》（以下简称《标准》）。该《标准》为普通商品住房、经济适用住房、房改房等普通住宅小区物业服务的试行标准。共分为一级、二级、三级三个服务等级，其中，三级为最低标准。业主可根据自身物业服务需求情况，选择相关的服务等级，并与物业公司签订物业服务合同进行约定。经双方约定后，服务标准便对业主和物业公司双方具有了约束力。但是，如果业主与物业公司没有进行约定，该《标准》并不当然对物业公司发生约束效力。因为该标准并非国家强制性标准。截至目前，国家没有强制性的物业服务标准。

北京市出台了地方标准《住宅物业服务标准》，共分为五级。该标准为推荐性标准，也非强制标准。

### 法条链接

《普通住宅小区物业管理服务等级标准（试行）》（中物协〔2004〕1号）

北京市地方标准《住宅物业服务标准》（DB11/T 751-2010）

三、物业管理服务

## 25. 房屋空置是否需要缴纳物业服务费？

**现实案例**

刘女士称，自己的房子买了以后没有装修，空置了两年，物业公司却打电话让她缴纳全额物业费，这让她觉得很不合理，她认为物业公司应该根据实际情况收取物业费，最起码也要给空置房物业费打一些折扣。"我没有入住，不往外倒垃圾，不使用公共设施，不享受物业公司提供的服务，为什么还要全额缴纳物业费？"物业公司表示，即使业主没有入住，物业公司工作人员也照样工作，清扫保洁、绿化维护等服务的支出并没有因此而减少，所以物业费要全额收取。那么，空置房业主应不应该缴纳物业服务费呢？

**专家解答**

空置房业主同样应当按时全额缴纳物业服务费。认为不入住就可以不缴或者减少缴纳物业服务费是错误的。

人们购买商品房小区的一套住宅后，便成为"业主"，即"建筑物区分所有权人"。业主所有的房屋包括两个部分：一个部分是"专有部分"；另一个部分是"共有部分"。而物业管理恰恰是对属于公共部分的房屋及配套的设施设备和相关场地进行维修、养护、管理，对物业管理区域内的环境卫生和相关秩序进行维护的活动。可见，业主未入住并不意味着物业管理和服务内容的减少。

同时，根据《民法典》第二百七十三条第一款的规定："业主

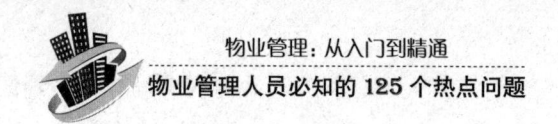

对建筑物专有部分以外的共有部分，享有权利，承担义务；不得以放弃权利为由不履行义务。"业主对房屋拥有产权，是否入住属于业主的权利，缴纳物业服务费却是业主应当履行的义务。因此，业主不能因为放弃行使权利而怠于履行义务。

此外，物业服务费属于业主对"建筑物及其附属设施的费用分摊"事项，依法首先按照约定承担；没有约定或者约定不明确的，按照业主专有部分占建筑物总面积的比例确定。购房人在买房时，与开发商签订了《（前期）物业服务合同》或者作为《商品房销售合同》附件的相关约定，均会对物业服务费的缴纳进行约定。那么，业主应当按照合同的约定按时缴纳物业服务费。即便没有约定，也应当按照业主专有部分占建筑物总面积的比例确定其应当缴纳的物业服务费的数额，而并不以是否入住作为是否缴纳以及缴纳多少物业服务费的判断标准。

## 法条链接

《中华人民共和国民法典》

**第二百七十三条第一款** 业主对建筑物专有部分以外的共有部分，享有权利，承担义务；不得以放弃权利为由不履行义务。

**第二百八十三条** 建筑物及其附属设施的费用分摊、收益分配等事项，有约定的，按照约定；没有约定或者约定不明确的，按照业主专有部分面积所占比例确定。

《物业管理条例》

**第二条** 本条例所称物业管理，是指业主通过选聘物业服务企业，由业主和物业服务企业按照物业服务合同约定，对房屋及配套的设施设备和相关场地进行维修、养护、管理,维护物业管理区域内的环境卫生和相关秩序的活动。

**第七条** 业主在物业管理活动中,履行下列义务:

……

(五)按时交纳物业服务费用;

……

## 26. 业主委员会收取物业服务费合法吗？

**现实案例**

某小区于2015年12月组建了业主委员会并于2016年10月在主管部门备案。经业主大会决议，该小区从2017年1月起进行"自管"，业主向业主委员会缴纳物业费，由业主委员会聘请专业人员提供物业服务。小区开发商拥有小区楼体地下一层及地上一层至三层的大部分物业，总建筑面积6090.02平方米。但开发商未向业主委员会缴纳2017年度和2018年度的物业费。经催告后，开发商仍然拒绝缴纳相关费用。业主委员会遂将开发商诉至法院，要求法院判令开发商支付上述物业费及利息。开发商辩称，业主委员会不具有物业服务资格，不能以物业服务企业标准收取费用。

法院经审理认为，小区在没有选聘其他物业服务企业的情况下一直由小区业主委员会提供物业服务，这种事实上的物业服务关系决定了作为业主的开发商应当向服务提供者支付相应的服务费用。最后，法院判令开发商向小区业主委员会支付2017年度和2018年度的物业费及相应的利息。

**专家解答**

从《民法典》规定来看，物业管理大致有三种模式：一是业主自行管理；二是业主委托物业服务企业管理；三是业主委托其他管理人管理。是"自管"还是"他管"？《民法典》将小区管理模式的决定权赋予了业主。而业主行使权利的形式一般是通过召开业主大会会议，按照《民法典》规定的同意票权比例，形成业主大会决议。

本案中，某小区通过书面形式召开业主大会会议，形成业主大会决议，决定从2017年1月起进行"自管"，由业主向业主委员会缴纳物业费，由业主委员会聘请专业人员提供物业服务。

小区管理模式及物业费收取方式均属业主自治范畴，业主有权按照法律法规的规定自主决定。某小区业主选择业主自行管理的"自管"模式，这种模式具体是由业主向业主委员会缴纳物业费，业主委员会用收取的物业费去聘请专业人员为小区提供物业服务。应当说，这是业主行使自治权的表现形式，这种做法并未违反法律的强制性规定，是合法的。

同时应当注意，业主"自管"的具体方式方法，法律法规并未作出强制性规定。这就意味着，法律并不要求业主必须选择由专业物业服务企业从事物业管理。可见，开发商有关"业主委员会不具有物业服务资格，不能以物业服务企业标准收取费用"的说法是没有根据的。

因此，业主委员会有权根据业主大会决议向业主收取物业费。开发商应当向业主委员会支付2017年度和2018年度的物业费及利息。

## 法条链接

**《中华人民共和国民法典》**

**第二百八十四条第一款** 业主可以自行管理建筑物及其附属设施，也可以委托物业服务企业或者其他管理人管理。

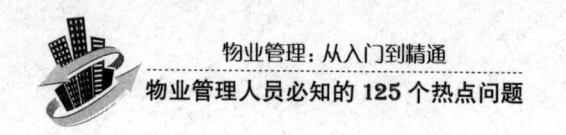

## 27. 物业公司的分公司不履行合同义务，相对人能否起诉物业总公司承担义务？

**现实案例**

某电梯公司与某物业管理有限公司（物业总公司）下属第一分公司签订《电梯维修保养合同》，约定电梯公司为第一分公司提供电梯维修保养服务，第一分公司每年给付电梯公司 4.8 万元（每季度末支付 1.2 万元），合同有效期为一年。之后电梯公司一直为第一分公司提供电梯维修保养服务。电梯公司与第一分公司协商一致，第一分公司应再给付电梯公司服务费 4 万元，但之后第一分公司并未付款。电梯公司遂向法院起诉要求物业总公司给付服务费 4 万元。物业总公司认为，第一分公司应独立承担责任，物业总公司不应该支付服务费。法院经审理认为，第一分公司系物业总公司的分支机构，物业总公司作为企业法人，应承担民事责任。故判决：物业总公司于判决生效后 10 日内给付电梯公司服务费 4 万元。那么，总公司对分公司债务承担何种责任？

**专家解答**

首先，分公司具有独立的缔约能力，可以自己的名义对外签订合同，也具有独立的诉讼主体资格。分公司不履行合同义务，可以要求其承担违约责任。电梯公司与第一分公司签订的《电梯维修保养合同》系当事人的真实意思表示，并不违反法律、行政法规的强

## 三、物业管理服务

制性规定，属有效合同。

其次，依据《民法典》规定，分公司以自己的名义从事民事活动产生的债务，由总公司承担，也可以先以分公司管理的财产承担，不足以承担的，由总公司承担。第一分公司的债务可以由物业总公司承担，也可以先由第一分公司管理的财产承担，不足以承担的，由物业总公司承担。当然，如本案中，电梯公司可以选择直接要求物业总公司承担民事责任。

在与分公司发生诉讼要求其承担民事责任时，可以直接把分公司与总公司列为共同被告要求他们承担责任。

## 法条链接

**《中华人民共和国公司法》**

第十三条　公司可以设立子公司。子公司具有法人资格，依法独立承担民事责任。

公司可以设立分公司。分公司不具有法人资格，其民事责任由公司承担。

**《中华人民共和国民法典》**

第七十四条　法人可以依法设立分支机构。法律、行政法规规定分支机构应当登记的，依照其规定。

分支机构以自己的名义从事民事活动，产生的民事责任由法人承担；也可以先以该分支机构管理的财产承担，不足以承担的，由法人承担。

## 28. 旧物业公司撤管时应当移交哪些资料？

### 现实案例

某小区于 2018 年 10 月交付使用，在前期物业服务企业提供服务的 3 年时间里，物业公司服务质量低下，大部分消防、供水供暖设备损坏甚至完全无法使用；垃圾清理不及时，电梯卫生状况差，还发生了一起煤气中毒事件、两起入室盗窃案件。业主对物业公司的意见很大。2021 年 2 月，业主大会新选聘了物业公司，并签订了物业服务合同。新合同生效后，由于业主委员会与旧物业公司未协商一致，长期未办理交接。业主委员会认为，旧物业公司未按业主委员会通知移交资料和财务账册的行为违反了《物业管理条例》的规定。业主委员会将旧物业公司诉至法院：一、请求法院依法判决旧物业公司立即向业主委员会移交：（1）小区的竣工总平面图，单体建筑、结构、设备竣工图，配套设施、地下管网工程竣工图等竣工验收资料；（2）小区的设施设备安装、使用和维护保养等技术资料；（3）小区物业质量保修文件和物业使用说明文件；（4）小区业主及房屋面积清册。二、请求法院依法判决旧物业公司立即向业主委员会提供其管理小区期间的财务报告和账册，并返还结余款项。三、要求旧物业公司承担本案的案件受理费。本案中，旧物业公司应否向业主委员会移交有关资料？如果应当移交，需要移交哪些资料？如物业公司不移交资料，业主委员会该怎么办？

## 三、物业管理服务

### 专家解答

前期物业服务合同终止，前期物业服务企业应当履行交接义务。本案中，业主大会已经选聘新的物业服务企业，且双方的物业服务合同已经生效。在此情况下，不论前期物业服务合同是否到期，都应当终止。因此，旧物业公司应当向业主委员会移交物业管理相关资料。

按照相关规定，资料交接范围包括：（一）竣工总平面图，单体建筑、结构、设备竣工图，配套设施、地下管网工程竣工图等竣工验收资料；（二）设施设备的安装、使用和维护保养等技术资料；（三）物业质量保修文件和物业使用说明文件；（四）物业管理所必需的其他资料。

如果物业公司拒不移交物业管理相关资料，业主委员会可以采取如下措施：一、请求房地产行政主管部门责令物业公司限期移交；逾期仍不移交有关资料的，房地产行政主管部门可对物业公司实施通报、罚款等行政措施。二、通过诉讼或者仲裁的方式，追究物业公司的相关责任。

### 法条链接

《物业管理条例》

**第二十九条** 在办理物业承接验收手续时，建设单位应当向物业服务企业移交下列资料：

（一）竣工总平面图，单体建筑、结构、设备竣工图，配套设施、地下管网工程竣工图等竣工验收资料；

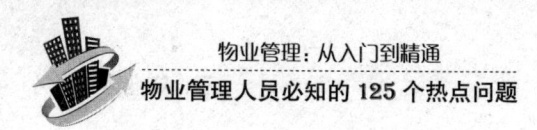

（二）设施设备的安装、使用和维护保养等技术资料；

（三）物业质量保修文件和物业使用说明文件；

（四）物业管理所必需的其他资料。

物业服务企业应当在前期物业服务合同终止时将上述资料移交给业主委员会。

**第五十八条** 违反本条例的规定，不移交有关资料的，由县级以上地方人民政府房地产行政主管部门责令限期改正；逾期仍不移交有关资料的，对建设单位、物业服务企业予以通报，处 1 万元以上 10 万元以下的罚款。

三、物业管理服务

## 29. 旧物业公司拒不撤出小区怎么办？

### 现实案例

业主不满物业服务，业主委员会组织业主共同决定终止物业合同，但是，旧物业公司拒不退出小区，还设法阻止新合作的物业公司入场。旧物业公司不退出小区的主要理由是解聘旧物业公司的决议程序有问题，因此他们不同意退出小区。业主委员会将旧物业公司诉至法院。

### 专家解答

选聘和解聘物业服务企业由业主共同决定。依照《民法典》的规定，解聘物业服务企业应当由专有部分面积占比三分之二以上的业主且人数占比三分之二以上的业主参与表决，且应当经参与表决专有部分面积过半数的业主且参与表决人数过半数的业主同意。由此形成相应的业主大会决议。

经法定比例业主表决并同意终止物业服务合同或者解聘旧物业公司的，旧物业公司应当退出小区的物业管理，将物业服务用房、相关设施、物业服务所必需的相关资料等交还给业主委员会、决定自行管理的业主或者其指定的人，配合新物业服务人做好交接工作，并如实告知物业的使用和管理状况。否则，物业公司将可能面临民事法律责任和行政法律责任。

在民事法律责任方面，旧物业公司拒不撤出小区的，无权向业

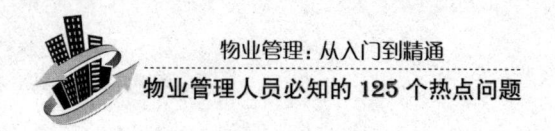

主继续收取物业费。因此给业主造成损失的，还应当承担赔偿责任。

在行政法律责任方面，很多地方立法均对旧物业公司拒不撤出的行为规定了罚款的处罚措施。例如，《北京市物业管理条例》规定，拒不退出小区的旧物业公司将面临每日一万元的罚款。有违反治安管理行为的，由公安机关依法给予治安管理处罚。

法院判决旧物业公司退出小区后，旧物业公司不配合的，业主委员会可申请强制执行。

## 法条链接

《中华人民共和国民法典》

**第二百七十八条** 下列事项由业主共同决定：

……

（四）选聘和解聘物业服务企业或者其他管理人；

……

业主共同决定事项，应当由专有部分面积占比三分之二以上的业主且人数占比三分之二以上的业主参与表决。决定前款第六项至第八项规定的事项，应当经参与表决专有部分面积四分之三以上的业主且参与表决人数四分之三以上的业主同意。决定前款其他事项，应当经参与表决专有部分面积过半数的业主且参与表决人数过半数的业主同意。

**第九百四十九条** 物业服务合同终止的，原物业服务人应当在约定期限或者合理期限内退出物业服务区域，将物业服务用房、相关设施、物业服务所必需的相关资料等交还给业主委员会、决定自行管理的业主或者其指定的人，配合新物业服务人做好交接工作，并如实告知物业的使用和管理状况。

原物业服务人违反前款规定的,不得请求业主支付物业服务合同终止后的物业费;造成业主损失的,应当赔偿损失。

《北京市物业管理条例》

第九十七条 物业服务人违反本条例第七十六条第一款规定的,由区住房和城乡建设或者房屋主管部门责令限期改正;逾期不改的,对物业服务人予以通报,对拒不移交有关资料或者财物的,处一万元以上十万元以下的罚款;拒不退出物业管理区域的,自规定时间届满次日起处每日一万元的罚款。物业服务人有违反治安管理行为的,由公安机关依法给予治安管理处罚。

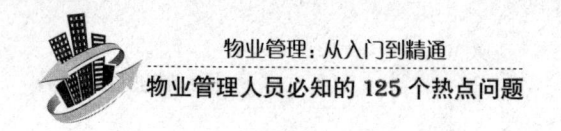

# 30. 什么是事实物业服务？

## 现实案例

2016年，某小区竣工验收后，开发商委托某物业公司为该小区提供前期物业服务，服务期限为2年，自2016年12月31日起至2018年12月31日止。前期物业服务合同期间，小区未成立业主委员会。合同到期后，对下一步的物业管理服务，开发商和小区业主都未提出意见。物业公司继续为该小区提供物业服务，按照0.6元/平方米·月的原收费标准收取物业服务费。大部分业主缴纳了物业服务费，但有少部分业主经催告仍不缴纳。物业公司遂于2019年4月2日起诉了李先生等3户业主。李先生辩称：前期物业服务合同期限为2年，合同到期后，双方未就是否继续履行合同达成一致意见，也未签订新的协议，在此种情况下，物业公司应及时撤离物业服务区域，而不应继续在无任何合同约束的情况下进行所谓的物业服务工作，因此，对于物业公司要求确认的物业管理费中，2018年12月31日之后的部分，因无任何法律和合同依据，不予认可。本案中，业主李先生应否向物业公司缴纳物业服务费？

## 专家解答

事实服务合同并非法律专业术语，一般是指，在没有书面物业服务合同或者书面物业服务合同到期后，物业服务企业继续向业主提供物业服务,在业主与物业服务企业之间形成的一种事实上的债权债务关系。物业服务企业在事实上提供了物业服务的,业主应当依法缴纳物业服务费,业主仅以没有物业服务合同而拒付物业服务费的抗辩理由不能成立。这在《民法典》中也有相关规定。

小区开发商与某物业公司签订的前期物业服务合同,是双方当事人的真实意思表示,未违反法律法规的强制性规定,合同应为合法有效。合同签订后,物业公司应依约定提供物业服务,业主李先生应依约定支付物业服务费。合同到期后,李先生等业主、开发商均未就以后的物业服务签订合同,且物业公司在合同到期后一直为李先生在内的业主提供物业服务,应视为原合同继续有效,因此李先生应当向物业公司支付物业服务合同到期后的物业服务费。

## 法条链接

**《中华人民共和国民法典》**

**第九百四十八条** 物业服务期限届满后,业主没有依法作出续聘或者另聘物业服务人的决定,物业服务人继续提供物业服务的,原物业服务合同继续有效,但是服务期限为不定期。

当事人可以随时解除不定期物业服务合同,但是应当提前六十日书面通知对方。

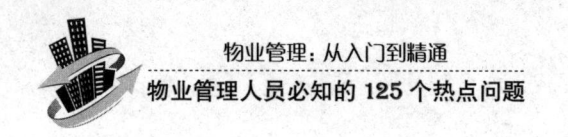

## 31. 物业公司是否可以将物业管理的专项服务委托给专业公司？

### 现实案例

某物业公司是国内最早一批成立的物业公司，业绩显著，深受业主好评。某小区拟新选聘一家物业公司，上述物业公司成为首选对象。经谈判，业主大会形成决议，同意该公司为小区提供物业服务，服务期限为2年。该物业公司进驻接管小区后，业主反映普遍较好。某天，业主委员会主任发现在门口站岗的保安着装为"某某保安"。经询问，小区保安系"某某保安服务公司"的员工，保安公司接受物业公司委托后前来提供保安服务。业主委员会主任找到物业公司的负责人后被告知，"为节约成本，物业公司已将小区内的秩序维护服务全部委托给了某某保安服务公司"。业主委员会主任认为物业公司的这种行为十分不负责任，要求物业公司立即改正错误行为，"本来基于对物业公司的信任，才选聘其作为服务单位，该公司却将服务转包给其他公司"。本案中，物业公司是否有权将公共秩序维护转委托给保安服务公司？物业公司能否将物业管理的专项服务委托给专业公司呢？

### 专家解答

《民法典》和《物业管理条例》均规定了物业公司可将专项服务委托给专业性服务企业。实践中，物业公司将专项服务外包的情

### 三、物业管理服务

况比较常见，主要表现在秩序维护（保安）、保洁、绿化等专项服务领域。

本案中，物业公司可以将公共秩序维护服务委托给保安服务公司。但是，如果物业公司需要外包专项服务，他们在与业主签订物业服务合同时，应当进行专门约定，并且将该项服务过程中业主、物业公司、专业性服务企业的相关权利义务约定明确。未经事先约定，物业公司将专项服务委托给专业性服务企业并不为法律所禁止，但物业公司应当对专业性服务企业的行为承担责任。

### 法条链接

《中华人民共和国民法典》

第九百四十一条　物业服务人将物业服务区域内的部分专项服务事项委托给专业性服务组织或者其他第三人的，应当就该部分专项服务事项向业主负责。

物业服务人不得将其应当提供的全部物业服务转委托给第三人，或者将全部物业服务支解后分别转委托给第三人。

《物业管理条例》

第三十九条　物业服务企业可以将物业管理区域内的专项服务业务委托给专业性服务企业，但不得将该区域内的全部物业管理一并委托给他人。

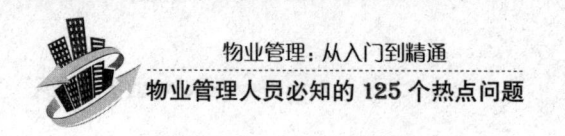

## 32. 物业公司之间能否转包物业服务业务？

### 现实案例

某商品房小区共有电梯30余部，目前因失修、年检不合格等原因有11部电梯已经关停，其余多部电梯也仍在"带病"运行中。而大面积关停电梯已至少有两个月时间，部分电梯关停已达半年之久，这给多数业主出行及日常工作、生活带来极大的不便。而在此之前，小区也频频发生坠梯等事故，多位业主都有过类似遭遇。

据业主委员会调查，在该小区管理混乱的背后，是物业管理服务的不到位和严重违规。该小区原本由A物业公司进行管理，而在2016年，A物业公司将物业服务业务全部转包给了B物业公司。在转包以后，A、B两家物业公司对B物业公司收取的物业服务费以及小区其他收入进行利润分成。而这种转包行为成了业主和物业公司争议的焦点，因为这直接压缩了真正服务于小区的物业公司的利润空间，导致服务质量下降。业主委员会将该情况反映到了相关部门，请求依法处理物业公司。本案中，A、B两家物业公司是否存在违规行为呢？物业公司之间能否转包物业服务业务呢？

### 专家解答

物业服务企业可以将物业服务区域内的专项服务业务委托给专

业性服务企业，但不允许物业服务企业将该区域内的全部物业服务一并委托给他人。通俗地说，可以分包，不得转包。《民法典》和《物业管理条例》均禁止将全部物业服务转委托给第三人，或者将全部物业服务支解后分别转委托给第三人的"转包"行为，包括物业服务企业之间的转包行为都是禁止的。"分包"一般是指物业服务企业将专项服务业务委托给专业性服务企业，而不是委托给另外一家物业服务企业。此外，《物业管理条例》还规定，一个物业管理区域只能由一个物业服务企业实施物业管理。

本案中，A物业公司将物业服务业务全部转包给了B物业公司，已经违反了物业服务企业"不得将该区域内的全部物业管理一并委托给他人"的规定。更为严重的是，A、B两家物业公司在签订转包合同后，又达成将B物业公司收取的物业服务费以及小区其他收入进行利润分成的约定，这必然会导致B物业公司服务质量的下降，引发本案纠纷。

综上，A、B两家物业公司的行为是违法的。物业公司之间不得转包物业服务业务。

### 法条链接

**《中华人民共和国民法典》**

**第九百四十一条** 物业服务人将物业服务区域内的部分专项服务事项委托给专业性服务组织或者其他第三人的，应当就该部分专项服务事项向业主负责。

物业服务人不得将其应当提供的全部物业服务转委托给第三人，或者将全部物业服务支解后分别转委托给第三人。

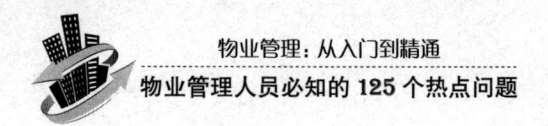

《物业管理条例》

**第三十三条** 一个物业管理区域由一个物业服务企业实施物业管理。

**第三十九条** 物业服务企业可以将物业管理区域内的专项服务业务委托给专业性服务企业，但不得将该区域内的全部物业管理一并委托给他人。

三、物业管理服务

## 33. 物业服务合同尚未到期，能否解除合同？

### 现实案例

某小区业主委员会成立后不久，便把原物业公司解聘，并重新选聘了新的物业服务企业W物业公司，双方在物业服务合同第五条约定，"物业服务范围包括小区内保安、保洁、供水、供电、供暖、地下车库等服务管理"。物业服务合同期内，业主委员会组织召开了业主大会会议，主要议题为是否同意解聘W物业公司，并通过公开招投标的形式选聘新的物业服务企业。业主委员会工作人员向小区内住户送达了书面征求意见函，投票结束后经统计，形成解聘W物业公司、选聘H物业公司为新物业公司的业主大会决议。但W物业公司认为，业主委员会召开小区业主大会不合法，因为双方的物业服务合同约定了明确的期限，在期限未届满的情况下，业主委员会无端要求物业公司停止服务撤出小区不合法。双方也没有约定这种合同解除条件。因此，W物业公司不同意撤出小区。本案中，物业服务合同期限尚未届满，可以解除吗？

### 专家解答

满足一定条件，可以。依照《民法典》的规定，物业服务合同期限虽然未届满，如果业主依照法定程序共同决定解聘物业服务企业的，可以解除合同。同时，业主委员会应当履行提前告知的义务。

所谓的法定程序，是指解聘物业服务企业应当由专有部分面积

87

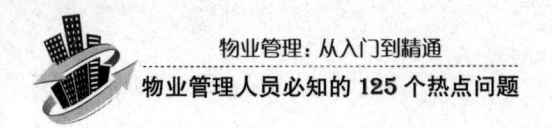

占比三分之二以上的业主且人数占比三分之二以上的业主参与表决,且应当经参与表决专有部分面积过半数的业主且参与表决人数过半数的业主同意,即应当经过业主表决和同意的程序。只要经过了该法定程序,解除物业服务合同就不受合同期限的限制。换言之,即使物业服务合同尚未到期,如果业主大会通过了解聘物业服务企业的决议,那么业主委员会就取得了物业服务合同解除权,从而可以要求物业公司撤出小区。本案中,已形成解聘 W 物业公司的业主大会决议,可以解除物业服务合同。

## 法条链接

**《中华人民共和国民法典》**

**第九百四十六条** 业主依照法定程序共同决定解聘物业服务人的,可以解除物业服务合同。决定解聘的,应当提前六十日书面通知物业服务人,但是合同对通知期限另有约定的除外。

依据前款规定解除合同造成物业服务人损失的,除不可归责于业主的事由外,业主应当赔偿损失。

三、物业管理服务

## 34. 业主委员会提前终止物业服务合同，物业公司能否追索违约金？

### 现实案例

2015年7月29日，某商厦的业主委员会与物业公司签订《物业管理委托合同》，合同期限为5年。双方约定：若物业公司未能达到约定的管理目标，业主委员会有权要求对方限期整改，逾期未整改的，业主委员会有权终止合同；物业公司造成业主经济损失的，应进行赔偿。任何一方无正当理由提前终止合同的，应向对方支付50万元的违约金。

2016年9月25日，消防大队向物业公司发出责令限期整改书，认为该商厦存在火灾自动报警系统因损坏无法正常使用、一层店面占用疏散通道、楼梯间内火灾事故应急照明灯损坏且数量不足等消防隐患，要求物业公司于10月30日前整改。之后，消防大队对商厦进行复查，结果为不合格。

截至2017年3月31日，物业公司管理期间，商厦拖欠水费、水费滞纳金等共计10多万元。同日，业主委员会在该商厦内贴出一份有100多名业主签名的公告，决定解聘该物业公司，并通过法律手段追回其所欠的巨额水费。同年5月初，该物业公司不再对该商厦进行物业管理，并将商厦业主委员会告上法庭，要求其支付提前解约的50万元违约金。法院经审理认为，业主委员会提前解聘物业公司并未违约，驳回了物业公司的诉讼请求。那么，业主委员

89

会应否向物业公司支付 50 万元违约金呢？

### 专家解答

业主委员会与物业公司之间签订的《物业管理委托合同》已经明确约定了向对方支付违约金的条件，即"无正当理由提前终止合同"。言外之意是，如果有正当理由，即使提前终止合同也无须向对方支付违约金。本案中，业主委员会提前终止合同有无正当理由呢？在物业服务期间，物业公司对商厦消防设施、设备的维修、养护未能实现合同约定的要求，在消防部门通知其整改的期限内，仍未能完成整改。按照业主委员会与物业公司双方的约定，"若物业公司未能达到约定的管理目标，业主委员会有权要求对方限期整改，逾期未整改的，业主委员会有权终止合同"。可见，业主委员会终止《物业管理委托合同》有正当理由，符合合同约定。

此外，违约金在特定情况下可由法院或者仲裁机构决定免除。作为赔偿损失额预定的违约金，有推定损失发生的效力，因而如果没有损失发生，或者损益相抵时，违约方又非故意违约，可以免除违约责任。

### 法条链接

**《中华人民共和国民法典》**

**第五百七十七条** 当事人一方不履行合同义务或者履行合同义务不符合约定的，应当承担继续履行、采取补救措施或者赔偿损失等违约责任。

**第五百八十五条** 当事人可以约定一方违约时应当根据违约情

况向对方支付一定数额的违约金,也可以约定因违约产生的损失赔偿额的计算方法。

约定的违约金低于造成的损失的,人民法院或者仲裁机构可以根据当事人的请求予以增加;约定的违约金过分高于造成的损失的,人民法院或者仲裁机构可以根据当事人的请求予以适当减少。

当事人就迟延履行约定违约金的,违约方支付违约金后,还应当履行债务。

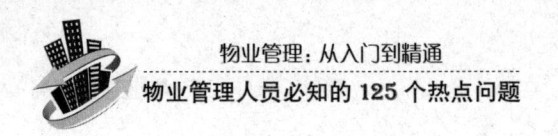

## 35. 业主委员会与物业公司之间解除物业服务合同的协议有效吗？

**现实案例**

某住宅小区选举产生业主委员会，并在区街道办事处完成备案。业主委员会成立后，向物业公司申请3万元的活动经费，被物业公司拒绝。业主委员会主任对此极为不满，并于当晚召集业主委员会副主任及其他成员，讨论研究解聘物业公司。业主委员会7名成员当中，有5名赞成，有1名反对，还有1名成员弃权。最终，他们形成了解聘物业公司的"业主委员会决定（业委会〔2010〕1号）"文件。第二天，业主委员会向物业公司发函称"业主委员会已作出解聘你公司的决定，请你公司即日起撤出小区，并向业主委员会移交物业管理相关资料"。在函件的后面附了一份解除物业服务合同协议。物业公司接到业主委员会的函后，向业主委员会主任求证，业主委员会主任声称，"鉴于你公司不配合业主委员会的工作，我们才决定解聘你公司"。该物业公司认为他们无法再继续正常经营下去，就签署了关于解除物业服务合同的协议。5天后，物业公司工作人员全部撤出小区。物业公司临走时还破坏了小区内的门禁、监控、水泵房、消防器材等设施设备。

本案中，业主委员会有权直接解聘物业公司吗？物业公司能否根据业主委员会的决定撤出小区？业主委员会与物业公司之间解除物业服务合同的协议有效吗？

## 三、物业管理服务

**专家解答**

选聘和解聘物业服务企业或者其他管理人由业主共同决定。就本案而言，即使解除物业服务合同是业主委员会与物业公司双方的真实意思表示，该协议亦属无效。因为是否同意与物业公司解除合同以及对解除合同后续事宜的处理，属于业主大会的职责范围，应当通过全体业主表决或授权业主委员会来行使相应权利。在无业主大会决定或授权的情况下，作为业主大会执行机构的业主委员会并无权代表业主大会决定解除合同。

业主委员会并不完全等同于整个小区或全体业主。说到底，业主委员会是一个执行机构，当它越权行使了权力机构的职权时，这个行为必然是不能生效的。如果业主委员会行使了本属于业主大会的职权，属于越权。如果物业公司根据无效的业主委员会决定而撤出小区，则属于擅自停止物业服务。

因此，未经业主大会授权，业主委员会与物业公司之间解除物业服务合同的协议是无效的。

**法条链接**

《中华人民共和国民法典》

第二百七十八条　下列事项由业主共同决定：

……

（四）选聘和解聘物业服务企业或者其他管理人；

……

业主共同决定事项，应当由专有部分面积占比三分之二以上的业主且人数占比三分之二以上的业主参与表决。决定前款第六项至

93

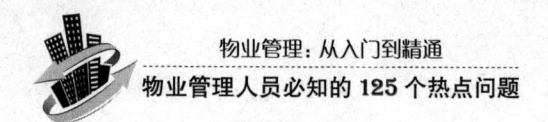

第八项规定的事项,应当经参与表决专有部分面积四分之三以上的业主且参与表决人数四分之三以上的业主同意。决定前款其他事项,应当经参与表决专有部分面积过半数的业主且参与表决人数过半数的业主同意。

《物业管理条例》

第十五条 业主委员会执行业主大会的决定事项,履行下列职责:

(一)召集业主大会会议,报告物业管理的实施情况;

(二)代表业主与业主大会选聘的物业服务企业签订物业服务合同;

(三)及时了解业主、物业使用人的意见和建议,监督和协助物业服务企业履行物业服务合同;

(四)监督管理规约的实施;

(五)业主大会赋予的其他职责。

## 36. 解聘物业公司的业主大会决议需满足什么条件才是有效的？

### 现实案例

某住宅小区业主委员会在小区里贴出一张公告，列出物业公司的三大问题：物业服务不到位、住宅专项维修资金收支账目不透明、部分公共收益未移交到业主委员会专用账户。因此，业主委员会打算提前解聘为小区服务的物业公司。随后，业主委员会组织召开了业主大会，并经法定比例的业主表决同意提前解聘物业公司，在小区公告了解聘决议。但物业公司对业主大会决议的合法性提出了疑问。物业公司提出参加业主大会投票的业主只有数十人。对此，业主委员会称，小区共有业主620户，但常住只有100多户，有300多户业主签订了授权委托书，委托业主委员会代为行使选聘和解聘物业的相关权利。但是，在法庭上，业主委员会未举证证明业主委员会主任等人确受他人委托，法院对这些人代他人行使投票的权利和行为不予认可。此外，部分业主的投票时间已超过投票截止时间、个别业主票数重复计算。法院最终认为，业主委员会提供的证据不足以证明投票结果达到法定比例要求。法院遂作出判决：确认业主委员会作出的终止物业服务合同的决议无效。本案中，解聘物业公司的业主大会决议有效吗？物业公司胜诉的关键何在？

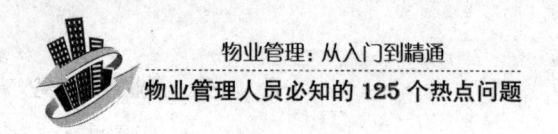

### 专家解答

本案的焦点问题在于，业主委员会是否通过合法程序解聘了物业公司。

业主大会决议是否合法有效取决于实体和程序两个方面。在实体方面，要看是否经过法定比例的业主表决同意。如果达到了法定的同意票权比例，那么业主大会的决议在实体方面就不存在问题。在程序方面，应当履行会前通知义务、会议符合法定形式（包括集体讨论、书面征集意见）等。

本案中，业主委员会通过"集体讨论"和"书面征求意见"相混合的方式进行业主大会投票。其中，有10人左右通过现场投票，其他均通过书面征求意见的方式进行投票。但是，在投票主体上，业主委员会成员代业主投票，却无法提供合法的授权委托书，因此，这部分投票不能认定为合法有效。对于投票超过投票截止期限，以及重复投票的票数亦不能算作合法投票。因此，业主委员会组织的解聘物业公司的业主大会作出的决议是无效的。

法律并不禁止委托投票。但是，应当注意委托授权方式。业主在委托投票时，建议出具书面授权委托书，载明委托人、受托人、房号及面积、具体的委托事项、委托时间及委托权限（应避免使用"全权委托"）。

### 法条链接

**《中华人民共和国民法典》**

**第一百六十五条** 委托代理授权采用书面形式的，授权委托书应当载明代理人的姓名或者名称、代理事项、权限和期限,并由被代理人签名或者盖章。

**第二百七十八条** 下列事项由业主共同决定:

……

(四)选聘和解聘物业服务企业或者其他管理人;

……

业主共同决定事项,应当由专有部分面积占比三分之二以上的业主且人数占比三分之二以上的业主参与表决。决定前款第六项至第八项规定的事项,应当经参与表决专有部分面积四分之三以上的业主且参与表决人数四分之三以上的业主同意。决定前款其他事项,应当经参与表决专有部分面积过半数的业主且参与表决人数过半数的业主同意。

**《物业管理条例》**

**第十二条** 业主大会会议可以采用集体讨论的形式,也可以采用书面征求意见的形式;但是,应当有物业管理区域内专有部分占建筑物总面积过半数的业主且占总人数过半数的业主参加。

业主可以委托代理人参加业主大会会议。

……

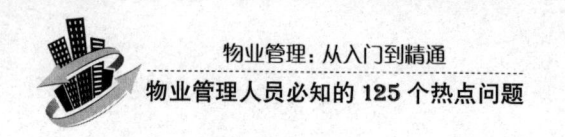

## 37. 业主养宠物扰民，物业公司该怎么办？

### 现实案例

业主陈先生喜欢饲养各种小动物，家中养了两条狗、一只猫、两条蟒蛇、两条蜥蜴、五只鸟。不仅如此，他还经常将自己的一些动物放出来。遛狗是陈先生每天的必修课。由于他饲养的狗个头比较大，很多邻居见了都害怕，邻居为此多次找物业公司出面协调，但都没有任何效果。由于陈先生的妻子怀孕，为避免寄生虫感染，他将猫笼子搬到了楼道，还每天定时将猫放出来"自由活动"，上下几层的楼道臭气熏天，很多同单元业主的门前都有猫的便溺，这引起了其他业主的强烈不满。更有甚者，陈先生养的一条蟒蛇，有一次从家里跑了出来，刚好被一个老太太碰见，老太太吓得被送进了医院。业主们再也无法忍受了，除了跟陈先生理论，他们还找到物业公司要求其必须解决问题，否则，其他业主将拒绝缴纳物业费。物业公司应当怎么办呢？

### 专家解答

饲养宠物属于业主的权利，但任何权利都是有限制的，如果饲养不当，违反了法律、法规和相关约定，业主就要承担相应的责任。本案中，业主陈先生饲养动物，显然已经侵害了相邻业主的利益。陈先生的行为破坏了公共环境卫生，侵占共用部位损害了单元门内其他业主合法权益，甚至危害到他人身体健康，也严重影响了正常的物业管理秩序。

从法律规定层面来看,《民法典》规定,对违反规定饲养动物的行为,业主大会和业主委员会有权依照法律、法规以及管理规约,请求行为人停止侵害、排除妨碍、消除危险、恢复原状、赔偿损失。《物业管理条例》规定,对物业管理区域内违反有关治安、环保、物业装饰装修和使用等方面法律、法规规定的行为,物业服务企业应当制止,并及时向有关行政管理部门报告。最高人民法院的司法解释规定,对于业主违反物业服务合同或者法律、法规、管理规约,实施妨害物业服务与管理的行为,物业服务企业向法院诉请判决业主承担恢复原状、停止侵害、排除妨碍等相应民事责任的,人民法院应予支持。同时,《民法典》规定,饲养的动物造成他人损害的,动物饲养人或者管理人应当承担民事责任。

从相关约定层面来看,如果《物业服务合同》《临时管理规约》《管理规约》约定了不按照规定饲养动物的责任,相关业主应当承担相应责任。

对于本案,物业公司首先有义务劝阻业主陈先生,劝阻无效的,可依照上述法律、法规规定及相关约定,起诉要求陈先生停止侵害、赔偿损失。此外,对陈先生侵害自己合法权益的行为,业主也有权依法向人民法院提起诉讼。

## 法条链接

**《中华人民共和国民法典》**

**第二百八十六条** 业主应当遵守法律、法规以及管理规约,相关行为应当符合节约资源、保护生态环境的要求。对于物业服务企业或者其他管理人执行政府依法实施的应急处置措施和其他管理措施，业主应当依法予以配合。

业主大会或者业主委员会，对任意弃置垃圾、排放污染物或者噪声、违反规定饲养动物、违章搭建、侵占通道、拒付物业费等损害他人合法权益的行为，有权依照法律、法规以及管理规约，请求行为人停止侵害、排除妨碍、消除危险、恢复原状、赔偿损失。

业主或者其他行为人拒不履行相关义务的，有关当事人可以向有关行政主管部门报告或者投诉，有关行政主管部门应当依法处理。

**第一千二百四十五条** 饲养的动物造成他人损害的，动物饲养人或者管理人应当承担侵权责任；但是，能够证明损害是因被侵权人故意或者重大过失造成的，可以不承担或者减轻责任。

**《物业管理条例》**

**第十七条** 管理规约应当对有关物业的使用、维护、管理，业主的共同利益，业主应当履行的义务，违反管理规约应当承担的责任等事项依法作出约定。

管理规约应当尊重社会公德，不得违反法律、法规或者损害社会公共利益。

管理规约对全体业主具有约束力。

**第四十五条第一款** 对物业管理区域内违反有关治安、环保、物业装饰装修和使用等方面法律、法规规定的行为，物业服务企业应当制止，并及时向有关行政管理部门报告。

**《最高人民法院关于审理物业服务纠纷案件适用法律若干问题的解释》**

**第一条** 业主违反物业服务合同或者法律、法规、管理规约，实施妨碍物业服务与管理的行为，物业服务人请求业主承担停止侵害、排除妨碍、恢复原状等相应民事责任的，人民法院应予支持。

三、物业管理服务

## 38. 物业公司可以阻止共享单车进小区吗？

### 现实案例

李某是某小区业主。某日，李某骑共享单车欲进入小区北门，在门口遭到物业公司工作人员的阻拦。又一日，李某再次骑共享单车欲从北门进入小区时，再次遭到了物业公司工作人员的阻拦。李某与物业工作人员交涉未果。李某称，物业工作人员不仅态度极其蛮横，还言辞激烈、谩骂侮辱，双方发生口角。李某认为物业公司禁止其骑共享单车进入小区，严重侵犯了他的正当权益。为维护自己的合法权益不受侵犯，李某向法院提起诉讼，请求：依法判决物业公司停止侵权、排除妨碍、消除影响，允许李某骑着共享单车进入小区；依法判决由物业公司承担本案诉讼费用。

物业公司辩称，其依据物业管理合同的约定以及业主委员会的要求，对小区进行管理，包括禁止共享单车进入。经查，2018年11月16日，小区业主委员会成员、街道办事处工作人员、社区居委会工作人员、物业公司代表等召开小区物业管理会议，作出书面的"小区物业管理会议纪要"，要求物业公司：做好小区非机动车辆管理，请物业公司不要让共享单车进入小区，小区内乱停乱放的自行车请物业公司及时清理摆放有序。

法院经审理认为，物业公司不构成侵权，驳回了李某的诉讼请求。物业公司有权阻止共享单车进入小区吗？

### 专家解答

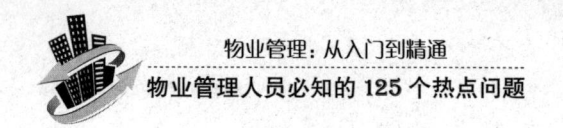

法律未对共享单车停放作出明确规定。小区属于全体业主共有、共同管理的区域,并聘请物业服务人提供物业管理和服务。因此,共享单车可否进入小区,主要看小区业主自治规范以及物业服务合同相关约定。

在小区内骑行、停放共享单车必然占用业主共有的道路、场地,该事项应由小区业主共同决定。从本案看,业主大会、业主委员会并未通过法定程序征求业主意见,对相关事项作出决定。但2018年11月16日"小区物业管理会议纪要"可勉强视为业主委员会的意见/决定。会议纪要"要求物业公司:做好小区非机动车辆管理,请物业公司不要让共享单车进入小区,小区内乱停乱放的自行车请物业公司及时清理摆放有序",从而对业主产生一定约束力。

涉案小区物业服务合同未对共享单车可否进入小区作出约定。

综合上述情况,物业公司工作人员阻止李某将共享单车骑行进入小区并不构成侵权。

此外,从共享单车的运营性质、公共利益维护角度,物业公司工作人员阻止共享单车进小区不构成侵权。共享单车是供不特定社会大众公平使用的,不能供个人专用,且有固定的停放区域。停放在小区外的共享单车停放区域才更符合共享单车的运营性质及对公共利益的维护。

### 法条链接

《中华人民共和国民法典》

**第二百七十四条** 建筑区划内的道路,属于业主共有,但是属于城镇公共道路的除外。建筑区划内的绿地,属于业主共有,但是属于城镇公共绿地或者明示属于个人的除外。建筑区划内的其他公共场所、公用设施和物业服务用房,属于业主共有。

**第二百七十八条** 下列事项由业主共同决定:

(一)制定和修改业主大会议事规则;

(二)制定和修改管理规约;

(三)选举业主委员会或者更换业主委员会成员;

(四)选聘和解聘物业服务企业或者其他管理人;

(五)使用建筑物及其附属设施的维修资金;

(六)筹集建筑物及其附属设施的维修资金;

(七)改建、重建建筑物及其附属设施;

(八)改变共有部分的用途或者利用共有部分从事经营活动;

(九)有关共有和共同管理权利的其他重大事项。

业主共同决定事项,应当由专有部分面积占比三分之二以上的业主且人数占比三分之二以上的业主参与表决。决定前款第六项至第八项规定的事项,应当经参与表决专有部分面积四分之三以上的业主且参与表决人数四分之三以上的业主同意。决定前款其他事项,应当经参与表决专有部分面积过半数的业主且参与表决人数过半数的业主同意。

**第二百八十条** 业主大会或者业主委员会的决定,对业主具有法律约束力。

业主大会或者业主委员会作出的决定侵害业主合法权益的,受侵害的业主可以请求人民法院予以撤销。

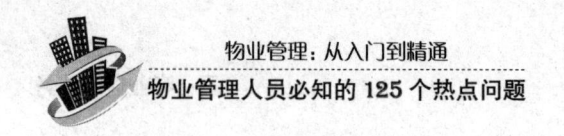

## 39. 物业公司能对业主进行罚款吗？

### 现实案例

为了保证小区物业服务质量，某高档商品房小区物业公司准备从源头上抓起，禁止业主私搭乱建、违反规定饲养宠物等行为，并制定了小区《日常行为管理制度》，对于违反制度要求的分别作出了不同数额罚款的规定。董女士在该小区购买了一套房子，装修时，将露天的阳台进行了封闭处理。物业公司发现后，对业主董女士作出了罚款200元的决定。董女士提出异议，表示不能接受，物业公司认为小区《日常行为管理制度》对所有的业主是有效的，有私搭乱建行为就应当罚款200元。那么，物业公司有权对业主进行罚款吗？

### 专家解答

物业公司无权对业主进行罚款。依照《行政处罚法》的规定，罚款属于行政处罚的一种。而行政处罚必须遵循处罚法定原则，这包括法无明文规定不处罚，即行政处罚必须依据法律、法规，或者规章的规定。小区《日常行为管理制度》不属于"法"，当然不能作为对业主进行罚款的依据。而且，行政处罚应当由行政机关或者行政机关委托的组织实施，物业公司作为一个企业法人，不属于行政机关，也不属于行政机关委托的组织。业主与物业公司之间是一种平等的合同关系，物业公司不能凌驾于业主之上设立处罚权。

当然，本案中，物业公司并非不能干预业主私搭乱建，但应当注意方式方法。首先，物业公司可以根据《物业管理条例》《住宅室内装饰装修管理办法》等的规定，报请有关行政管理部门处理；其次，物业公司也可以根据小区《管理规约》以及相关民事法律规定，通过诉讼途径追究业主的责任。

## 法条链接

**《中华人民共和国行政处罚法》**

第五条　行政处罚遵循公正、公开的原则。

设定和实施行政处罚必须以事实为依据，与违法行为的事实、性质、情节以及社会危害程度相当。

对违法行为给予行政处罚的规定必须公布；未经公布的，不得作为行政处罚的依据。

第九条　行政处罚的种类：

……

（二）罚款、没收违法所得、没收非法财物；

……

**《物业管理条例》**

第四十五条　对物业管理区域内违反有关治安、环保、物业装饰装修和使用等方面法律、法规规定的行为，物业服务企业应当制止，并及时向有关行政管理部门报告。

有关行政管理部门在接到物业服务企业的报告后，应当依法对违法行为予以制止或者依法处理。

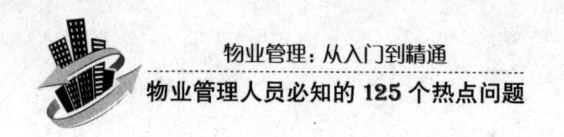

## 40. 物业公司应当配合业主安装充电桩吗？

### 现实案例

刘某是某小区业主，且在其居住的小区购买了一个地下停车位，并与物业公司签订了一份《停车服务协议》，约定车位管理费为每年1800元，管理期限自交付之日起至选聘新的物业管理公司进驻之日止，并注明如国家出台关于停车场管理的新规定，按国家新出台的规定执行。2020年9月，刘某购买了一辆新能源小客车。刘某拟在涉案车位上安装一个充电桩，供电公司告知其需提交物业公司出具的同意安装充电桩的证明，物业公司以没有富余电量为由拒绝出具，且物业公司称双方签订的协议中未约定其有为刘某安装充电桩提供相关手续的协助义务。

业主刘某将物业公司诉至法院，请求法院判决物业公司出具相关证明。在案件审理过程中，供电公司的工作人员前往现场进行了查勘，其表示经过现场勘查，已经找到可以安装电表的电源点，现场具备安装电表的条件，涉案车位可以安装充电桩，由供电公司负责安装电表，但需要物业公司出具同意的证明，后续由销售汽车的4S店负责布线和安装充电桩。法院判决支持了业主刘某的诉讼请求。

本案中，物业公司是否有配合业主安装充电桩的义务？

### 专家解答

物业公司是否有义务配合业主安装充电桩，属于近几年相对较新的问题,目前缺乏明确的法律、法规依据,一般物业服务合同、停车服务协议也鲜有涉及。

从政策上来说,包括国家发展和改革委员会,地方政府相关部门均出台了一些政策支持和鼓励建设电动汽车充电基础设施。当然,目前这些政策并非具有强制性法律效力的规定。因此,在司法实践中也出现了不同的判决结果。总体来看,如果具备安装充电桩的条件,且车主是车位的所有权人或者长期承租方(租期一年及以上),相对容易获得法院支持其安装充电桩的诉求。

在缺乏进一步规定的情况下,物业公司也可积极与业主大会、业主委员会、物业管理委员会等进行协商,通过相关决议,对安装充电桩事宜作出特别约定。

## 法条链接

《中华人民共和国民法典》

第九条 民事主体从事民事活动,应当有利于节约资源、保护生态环境。

《国家发展改革委、国家能源局、工业和信息化部、住房城乡建设部关于加快居民区电动汽车充电基础设施建设的通知》

四、引导业主委员会支持设施建设。各地房地产(房屋)行政主管部门、街道办事处或乡镇人民政府、社区居委会要按照《私人用户居住地充电基础设施建设管理示范文本》(附后),主动加强对业主委员会的指导和监督,引导业主支持充电基础设施建设改造,明确充电基础设施产权人、建设单位、管理服务单位等相关主体的权利义务以及相应建设使用管理流程。对于占用固定车位产权人或

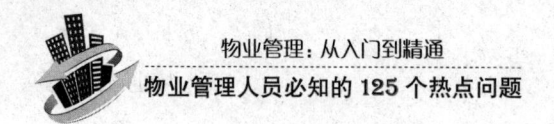

长期承租方（租期一年及以上）建设充电基础设施的行为或要求，业主委员会（或业主大会授权的管理单位）原则上应同意并提供必要的协助。

**《北京市住房和城乡建设委员会、北京市发展和改革委员会、北京市科学技术委员会、北京市民防局关于推进物业管理区域新能源小客车自用充电设施安装的通知》**

一、本市物业服务企业应当积极支持和配合新能源小客车自用充电设施的安装。

五、自用充电设施由所有权人负责后期维护。租赁车位到期或不再使用充电设施的，所有权人应当负责拆除。

六、物业服务企业不配合安装自用充电设施，或向购车人和安装单位收取额外费用的，由各区县住房城乡建设委、房屋管理局责令改正，并可依照《北京市物业服务企业信用信息管理办法》（京建发〔2010〕658号）规定，对物业服务企业和项目负责人分别记1分。情节严重的，将予以公开曝光。市住房城乡建设委投诉受理邮箱：bjwyjb@163.com。

三、物业管理服务

# 41. 什么是物业公司并购？对物业公司有何影响？

### 现实案例

C集团有限公司（以下简称C集团）是一家上市公司，主要业务是提供物业管理服务、工程服务、小区租赁、销售及其他服务。就收购K物业公司（以下简称K公司）一事，C集团于2015年6月19日发布公告称"协议所载完成的全部先决条件已获达成，其后，于2015年6月17日，已完成办理销售股份转让登记手续及获有关监管机构发出目标公司经修订营业执照……总代价人民币3.3亿元中，2.66亿元已于2015年6月19日支付予卖方，余款由买方就中国税项预扣。卖方将于中国法律所规定时限内，向中国有关税务机构缴付有关预扣税。因此，收购已落实完成"。

据了解，2014年C集团新增服务面积中60%是通过收购得来，40%是新承接面积。C集团与K公司原有自然人股东达成协议后完成对K公司100%权益的收购。这是国内物业管理行业出现的规模较大的并购案例之一。那么什么是物业公司并购？这对物业公司有何影响？

### 专家解答

企业并购（Mergers and Acquisitions，M&A）一般包括兼并和收购两种类型或含义。兼并和收购合在一起使用，统称为M&A，在

109

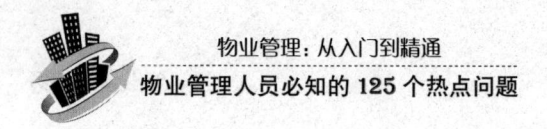

我国称为并购。兼并又称吸收合并，即不同企业合并成一体，指两家或者更多的独立企业合并组成一家企业，通常由一家占优势的公司吸收一家或者多家公司。收购指一家企业用现金或者有价证券购买另一家企业的股票或者资产，以获得对该企业的全部资产或者某项资产的所有权，或对该企业的控制权。并购主要包括资产收购、股权收购、吸收合并、新设合并。

本案例属于股权收购。在本案的并购交易中，买方C集团收购K公司100%的股权，并向K公司原有自然人股东支付3.3亿元的对价。实际上，并购行为是企业法人行使产权的行为，是企业资本运作和经营的一种形式，在这个过程中，被并购方企业权利主体发生变换。C集团收购K公司的股权后，C集团成为K公司的唯一股东，C集团取得了对K公司的控制权，K公司原有股东丧失相应的经营权、收益权等权利。K公司所管理的物业项目将全部由C集团进行管理。

## 法条链接

**《中华人民共和国公司法》**

**第八十四条** 有限责任公司的股东之间可以相互转让其全部或者部分股权。

股东向股东以外的人转让股权的，应当将股权转让的数量、价格、支付方式和期限等事项书面通知其他股东，其他股东在同等条件下有优先购买权。股东自接到书面通知之日起三十日内未答复的，视为放弃优先购买权。两个以上股东行使优先购买权的，协商确定各自的购买比例；协商不成的，按照转让时各自的出资比例行使优先购买权。

公司章程对股权转让另有规定的,从其规定。

**《中华人民共和国证券法》**

**第六十二条** 投资者可以采取要约收购、协议收购及其他合法方式收购上市公司。

# 四、物业服务收费

## 42. 物业服务费由哪些部分构成？

### 现实案例

某商品房小区于2008年建成并投入使用，开发商选聘了某物业公司作为前期物业服务单位。在前期物业服务合同中，对物业服务事项和收费标准作出了约定，合同第五条约定："物业公司提供的物业服务包括以下主要内容：负责本物业管理区域内共用部位的日常维修、养护和管理；负责本物业管理区域内共用设施设备的日常维修、养护、运行和管理；负责绿化和景观的养护和管理；负责清洁卫生服务；做好小区的安全防范工作；业主委员会交代的其他涉及物业管理的临时性工作。"第七条约定："本物业管理区域内的物业服务收费实行包干制，收费标准为：住宅2.8元/平方米·月；商业物业5.6元/平方米·月。"物业服务合同签订后，业主入住时按照约定缴纳了一年的物业服务费。2009年，物业公司开始收取下一年度的物业费，在收费时物业公司每平方米·月加收大、中修费0.5元，对此物业公司的解释是"大、中修费也是物业费的组成部分"。有的业主按照要求缴纳了，也有部分业主提出异议。本案中，物业公司另外收取的费用合法吗？物业服务费到底由哪些部分构成？

### 专家解答

物业服务费的组成因收费方式的不同而有所区别。实行包干制的物业服务费由三部分组成：物业服务成本、法定税费和物业管理

## 四、物业服务收费

企业的利润。实行酬金制的物业服务费，预收的物业服务资金包括物业服务支出和物业管理企业的酬金。物业服务成本或者物业服务支出构成一般包括：管理服务人员的工资、社会保险和按规定提取的福利费等；物业共用部位、共用设施设备的日常运行、维护费用；物业管理区域清洁卫生费用；物业管理区域绿化养护费用；物业管理区域秩序维护费用；办公费用；物业管理企业固定资产折旧；物业共用部位、共用设施设备及公众责任保险费用；经业主同意的其他费用9部分。

在最终收取数额上，包干制完全根据物业服务合同的约定执行，而不论物业公司实际的收支情况、盈亏状况；实行酬金制的，物业公司仅是"预收"，实际费用发生后，实行"多退少补"。

本案中，物业服务收费实行包干制，住宅物业按照2.8元/平方米·月的标准收取，商业物业按照5.6元/平方米·月的标准收取。物业公司和业主均应按照这个约定的标准收取和缴纳。物业公司提出加收大、中修费0.5元是没有根据的。大、中修费是在公共维修资金建立之前，为满足物业日后的维修养护而由业主按年缴纳的费用。而2007年发布的《住宅专项维修资金管理办法》规定，住宅专项维修资金用于物业共用部位和共用设施设备的维修、更新和改造。如果物业公司再次收取大、中修费，显然属于重复收费，业主可以拒绝缴纳。

### 法条链接

**《物业服务收费管理办法》**

**第九条第二款** 包干制是指由业主向物业管理企业支付固定物

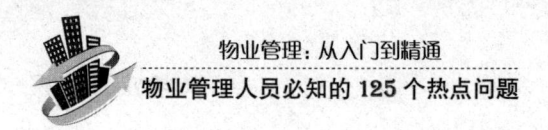

业服务费用，盈余或者亏损均由物业管理企业享有或者承担的物业服务计费方式。

**第十一条** 实行物业服务费用包干制的，物业服务费用的构成包括物业服务成本、法定税费和物业管理企业的利润。

实行物业服务费用酬金制的，预收的物业服务资金包括物业服务支出和物业管理企业的酬金。

物业服务成本或者物业服务支出构成一般包括以下部分：

1. 管理服务人员的工资、社会保险和按规定提取的福利费等；

2. 物业共用部位、共用设施设备的日常运行、维护费用；

3. 物业管理区域清洁卫生费用；

4. 物业管理区域绿化养护费用；

5. 物业管理区域秩序维护费用；

6. 办公费用；

7. 物业管理企业固定资产折旧；

8. 物业共用部位、共用设施设备及公众责任保险费用；

9. 经业主同意的其它费用。

物业共用部位、共用设施设备的大修、中修和更新、改造费用，应当通过专项维修资金予以列支，不得计入物业服务支出或者物业服务成本。

**《住宅专项维修资金管理办法》**

**第二条第二款** 本办法所称住宅专项维修资金，是指专项用于住宅共用部位、共用设施设备保修期满后的维修和更新、改造的资金。

## 43. 物业服务收费定价方式有哪些？

**现实案例**

郭女士购买了一套商品房，按照物业服务合同约定，她需按照 3.2 元 / 平方米·月向物业公司缴纳物业费。后来她得知，紧挨着她所在的小区也有一个住宅小区，物业费标准是 0.55 元 / 平方米·月。郭女士对此感到十分不满，她认为："都是住宅小区，而且从外观看，旁边的小区也不错。为什么我要比那个小区的业主多缴纳好几倍的物业费？"据了解，旁边小区是经济适用房小区。那么，物业服务收费定价方式有哪些呢？收费存有差距的原因何在？

**专家解答**

在我国，物业服务费的定价方式，曾有过政府定价、政府指导价和市场调节价三种。政府定价是指政府相关部门直接决定物业服务费的标准。此种方式早在 2003 年即已取消。目前，有效的定价方式有两种，即政府指导价和市场调节价。

政府指导价，是指有定价权限的人民政府价格主管部门会同房地产行政主管部门根据物业管理服务等级标准等因素制定相应的基准价及其浮动幅度，并定期公布的定价形式。具体的收费标准由业主与物业服务企业根据规定的基准价和浮动幅度在物业服务合同中约定。

市场调节价，是指由业主与物业服务企业在物业服务合同中约

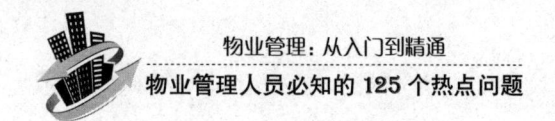

定物业服务收费标准的定价方式。这是一种双方合意决定价格高低的定价形式。因此，同为市场调节价，可能会有很大差别。其影响因素主要包括以下几个方面：（1）物业服务事项的多寡。一般来说，服务项目多，成本就高，物业服务费标准相对也较高。（2）物业服务标准的高低。同样多的服务事项，服务标准高，物业服务收费标准也会较高。（3）物业本身的品质高低。同样是住宅小区，建筑质量较高，楼间距大，公共部分面积较大，物业服务费标准相对较高。（4）区位因素的影响。有的区位较热门，如在市中心的房屋比远郊的房屋就相对较热门，同样该地区人工等成本也较高，物业服务费就会较高。（5）物业服务供求状况。一般而言，供过于求，价格就会下跌；供不应求，价格便会上涨。

本案中，相邻的两个住宅小区物业服务价格却相差很大，主要原因在于两个小区的物业服务费定价方式不同，经济适用房的物业费按照政府指导价收取；普通商品房的物业费按照市场调节价由合同双方协商确定。

## 法条链接

**《物业服务收费管理办法》**

**第六条** 物业服务收费应当区分不同物业的性质和特点分别实行政府指导价和市场调节价。具体定价形式由省、自治区、直辖市人民政府价格主管部门会同房地产行政主管部门确定。

**第七条** 物业服务收费实行政府指导价的，有定价权限的人民政府价格主管部门应当会同房地产行政主管部门根据物业管理服务等级标准等因素，制定相应的基准价及其浮动幅度，并定期公布。

具体收费标准由业主与物业管理企业根据规定的基准价和浮动幅度在物业服务合同中约定。

实行市场调节价的物业服务收费,由业主与物业管理企业在物业服务合同中约定。

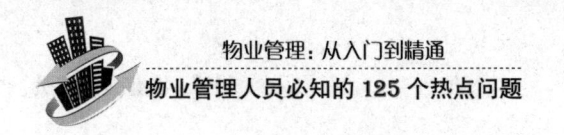

## 44. 什么是物业管理的酬金制？

### 现实案例

李某在某小区物业公司从事卫生清洁工作，工作半年后，他发现公司经常出现拖欠工资的情况，李某找到公司领导要求其按时发放工资。公司领导称，现在资金周转困难，还得等一段时间才能补齐拖欠的工资。李某遂将物业公司起诉到法院，要求解除劳动合同，补齐拖欠的工资，并赔偿经济损失。法院认定物业公司违反《劳动合同法》规定，未及时足额向李某支付劳动报酬，需承担经济补偿金。物业公司认为李某系为小区服务的，因此应当将经济补偿金这部分支出列入小区管理的成本。业主提出异议，认为小区物业管理实行酬金制收费方式，物业公司应当向李某承担的经济补偿金系物业公司管理不善造成的，不同意将这部分费用计入物业服务成本。那么，什么是物业管理的酬金制？经济补偿金应否计入物业服务成本呢？

### 专家解答

酬金制是指在预收的物业服务资金中按约定比例或者约定数额提取酬金支付给物业服务企业，其余全部用于物业服务合同约定的支出，结余或者不足均由业主享有或者承担的物业服务计费方式。实行物业服务费用酬金制的，预收的物业服务资金包括物业服务支出和物业管理企业的酬金。而物业服务支出一般包括以下部分：管理服务人员的工资、社会保险和按规定提取的福利费等；物业共用

## 四、物业服务收费

部位、共用设施设备的日常运行、维护费用；物业管理区域清洁卫生费用；物业管理区域绿化养护费用；物业管理区域秩序维护费用；办公费用；物业管理企业固定资产折旧；物业共用部位、共用设施设备及公众责任保险费用；经业主同意的其他费用。

本案中，由于物业公司未按时向员工李某支付劳动报酬，导致李某提出解除劳动合同，并要求经济补偿。显然，这部分经济补偿是由于物业公司自身管理问题造成的，过错在物业公司。从上述法律规定也可看出，除非业主同意，否则本案中的经济补偿金不能列入物业服务支出，不应由业主承担，而只能由物业公司承担。

## 法条链接

**《中华人民共和国劳动合同法》**

**第三十八条** 用人单位有下列情形之一的，劳动者可以解除劳动合同：

……

（二）未及时足额支付劳动报酬的；

……

**第四十六条** 有下列情形之一的，用人单位应当向劳动者支付经济补偿：

（一）劳动者依照本法第三十八条规定解除劳动合同的；

……

**《物业服务收费管理办法》**

**第九条第三款** 酬金制是指在预收的物业服务资金中按约定比例或者约定数额提取酬金支付给物业管理企业，其余全部用于物业

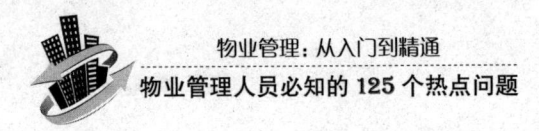

服务合同约定的支出，结余或者不足均由业主享有或者承担的物业服务计费方式。

**第十一条第二款、第三款** 实行物业服务费用酬金制的，预收的物业服务资金包括物业服务支出和物业管理企业的酬金。

物业服务成本或者物业服务支出构成一般包括以下部分：

1. 管理服务人员的工资、社会保险和按规定提取的福利费等；

2. 物业共用部位、共用设施设备的日常运行、维护费用；

3. 物业管理区域清洁卫生费用；

4. 物业管理区域绿化养护费用；

5. 物业管理区域秩序维护费用；

6. 办公费用；

7. 物业管理企业固定资产折旧；

8. 物业共用部位、共用设施设备及公众责任保险费用；

9. 经业主同意的其它费用。

四、物业服务收费

## 45. 什么是物业管理的包干制？

**现实案例**

某物业公司与小区业主委员会签订了一份《物业管理委托合同》，约定小区物业服务收费实行包干制，业主按照2.3元/平方米·月的标准缴纳物业费。运行一年后，由于人力成本、能源费上涨，物业公司亏损10万元。经研究，物业公司将电梯全部招商做广告，还出租了两间地下室，取得收益30万元。除弥补亏损外，还赚得了20万元的收益。在账目查询中，业主委员会发现物业公司有30万元的公共收益，随即要求物业公司将这部分收益交还业主委员会。物业公司认为，自进驻小区以来，物业公司亏损了10万元，用公共收益弥补亏损符合法律规定，如果要交还公共收益，只能交还20万元。那么，什么是物业管理的包干制？实行物业服务费用包干制的，公共收益部分能否用于弥补物业服务费的不足？

**专家解答**

包干制是指由业主向物业服务企业支付固定物业服务费用，盈余或者亏损均由物业服务企业享有或者承担的物业服务计费方式。本案中，物业公司经营一年后，由于各种原因导致其亏损10万元。按照包干制的收费原则，这亏损的10万元，应由物业公司承担。30万元的公共收益，系利用物业共用部位和共用设施设备的经营所得，应当归全体业主所有。因此，公共收益部分不能用于弥补物

123

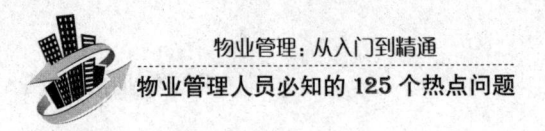

业服务费的不足。

## 法条链接

**《物业服务收费管理办法》**

**第九条第二款**　包干制是指由业主向物业管理企业支付固定物业服务费用，盈余或者亏损均由物业管理企业享有或者承担的物业服务计费方式。

**第十一条第一款、第三款**　实行物业服务费用包干制的，物业服务费用的构成包括物业服务成本、法定税费和物业管理企业的利润。

物业服务成本或者物业服务支出构成一般包括以下部分：

1. 管理服务人员的工资、社会保险和按规定提取的福利费等；

2. 物业共用部位、共用设施设备的日常运行、维护费用；

3. 物业管理区域清洁卫生费用；

4. 物业管理区域绿化养护费用；

5. 物业管理区域秩序维护费用；

6. 办公费用；

7. 物业管理企业固定资产折旧；

8. 物业共用部位、共用设施设备及公众责任保险费用；

9. 经业主同意的其它费用。

四、物业服务收费

## 46. 物业服务收费都需要明码标价吗？

### 现实案例

业主王某在某小区购买了一套二手房，入住后，其与小区物业公司签订了一份《物业服务合同》，其中约定物业服务收费实行包干制收费方式，王某按照2.1元/平方米·月的标准向物业公司缴纳物业费。王某入住时向物业公司缴纳了12个月的物业服务费共计2194元。入住3个月后，物业公司又要求王某另外缴纳中水处理费300元、环境治理费100元。王某认为，物业公司无权收取这部分费用，因为物业服务合同中没有约定上述收费项目，而且物业公司也没有向业主公示，物业公司强行向业主收取费用的行为属于乱收费。那么，物业公司收费必须向业主公示吗？是否应当明码标价？

### 专家解答

自2004年10月1日起，国家规定，物业服务收费必须明码标价。从明码标价的内容来看，应当将物业公司名称、收费对象、服务内容、服务标准、计费方式、计费起始时间、收费项目、收费标准、价格管理形式、收费依据、价格举报电话12358等内容标明。

本案中，物业公司不仅应当将2.1元/平方米·月的标准向业主公示，而且应当将其所谓的"中水处理费300元、环境治理费100元"向业主公示。所有收费不仅应有收费项目的公示，还应当有收费标准和收费依据的公示。在公示形式上，可以灵活多样，如

125

采取公示栏、公示牌、收费表、收费清单、收费手册、多媒体终端查询等方式。

## 法条链接

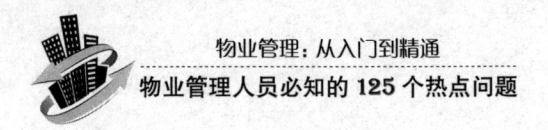

《物业服务收费明码标价规定》

**第五条** 物业管理企业实行明码标价应当做到价目齐全，内容真实，标示醒目，字迹清晰。

**第六条第一款** 物业服务收费明码标价的内容包括：物业管理企业名称、收费对象、服务内容、服务标准、计费方式、计费起始时间、收费项目、收费标准、价格管理形式、收费依据、价格举报电话12358等。

**第七条** 物业管理企业在其服务区域内的显著位置或收费地点，可采取公示栏、公示牌、收费表、收费清单、收费手册、多媒体终端查询等方式实行明码标价。

四、物业服务收费

## 47. 物业服务费只能按面积大小收取吗？

**现实案例**

老张和老伴儿住在面积为 200 平方米的房屋内，每年需要缴纳物业服务费 4560 元。而隔壁邻居 76 平方米的房子住着祖孙 5 个人，每年只需缴纳 1732.8 元。老张觉得这种按建筑面积大小收取物业服务费的方式不合理，理由是：业主缴纳物业服务费是因为享受到了物业公司提供的服务，而享受服务的是业主，是人，所以应该按业主的人口数收取才合理，人口越多得到的享受也越多，那么缴纳的物业服务费也应该越多。以乘坐电梯为例，邻居家 5 人，一天可能需要乘坐十几次电梯，而自己家就其和老伴儿两个人，出门很少，乘坐电梯也很少。但是他们家反而要缴纳更多的物业服务费，非常不合理，也没有法律依据。于是，老张找到物业公司，要求物业公司降低自己的物业服务费。物业公司告知老张，只能按照合同约定执行，不能降低物业服务费。那么，物业服务费是否只能按面积大小收取？相比邻居，老张缴纳更多的物业服务费合理吗？

**专家解答**

物业服务费按照建筑面积收取是目前的通行做法，建筑面积大的房屋，需要缴纳相对多的物业服务费。但这并不意味着物业服务费只能按照建筑面积大小收取。

127

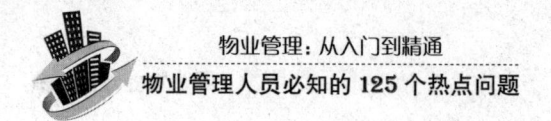

依照《民法典》的规定，建筑物及其附属设施的费用分摊、收益分配等事项，有约定的，按照约定；没有约定或者约定不明确的，按照业主专有部分面积所占比例确定。实际上，物业服务费属于建筑物及其附属设施的费用分摊。可见，如果有特殊约定，那么就可以不按照建筑面积收取物业服务费。比如，现在有些小区就采取按楼层高低收取不同的电梯服务费，而并不将建筑面积的大小作为唯一的收费标准。

本案中，物业服务合同已经有约定，即按照建筑面积收取物业服务费。因此，老张应当按照每年 4560 元的标准缴纳物业服务费。当然，老张可以通过业主委员会组织召开业主大会会议的形式，共同讨论决定采取不按照面积缴纳物业服务费的交费方式。

## 法条链接

《中华人民共和国民法典》

**第二百七十三条** 业主对建筑物专有部分以外的共有部分，享有权利，承担义务；不得以放弃权利为由不履行义务。

业主转让建筑物内的住宅、经营性用房，其对共有部分享有的共有和共同管理的权利一并转让。

**第二百八十三条** 建筑物及其附属设施的费用分摊、收益分配等事项，有约定的，按照约定；没有约定或者约定不明确的，按照业主专有部分面积所占比例确定。

四、物业服务收费

## 48. 业主能要求对物业服务费打折吗？

### 现实案例

于女士系某小区2号楼的业主。2017年6月1日，小区业主委员会（甲方）与某物业管理有限公司（以下简称物业公司）（乙方）签订物业服务合同，约定：甲方委托乙方对小区提供物业服务。委托服务期限为5年，自2017年7月1日起至2022年6月30日止。4、5、8号楼按0.95元/平方米·月收取物业费，2号楼按1.57元/平方米·月收取物业费。业主逾期缴纳物业服务费的，乙方可以从逾期之日起每日按应缴费用的万分之一加收违约金。合同同时对其他相关事项进行了约定。2017年8月18日，小区业主委员会（甲方）与物业公司（乙方）签订小区物业服务合同补充协议，约定：双方签订的物业服务合同期限由原来的5年改为1年，期满前3个月，双方再协商续签事宜。乙方同意对物业费进行调整，仍按乙方入住本小区前的价格收取，为小楼0.75元/平方米·月，大楼1.17元/平方米·月。合同签订后，双方均按合同履行。2018年10月，小区选举产生了新的业主委员会。12月，小区召开业主大会，决议选聘新的物业服务企业。2019年1月25日，物业公司退出小区。于女士未缴纳2017年7月1日至2018年6月30日的物业费及垃圾清运费共计3592.9元。物业公司将于女士诉至法院，要求于女士支付拖欠的物业费。

庭审中，于女士认为：物业公司未向其提供应有的服务。物业

129

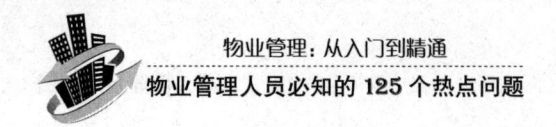

公司服务不到位，小区没有正式秩序维护员值勤，没有巡逻，外来人员随意出入，护栏也被破坏，使业主没有安全感；水箱从不清理，也没有水检报告；电梯一年的检查期已过，未进行检修，多次造成滑梯、夹人等情况；小区绿化差，草皮大量枯死；物业公司未公布过收支的情况。物业公司在服务期间，还与于女士及其孩子发生冲突。综上，于女士要求扣减相关物业费。庭审中，于女士提出物业公司提供的物业管理存在瑕疵，并就此提交了相应证据，物业公司不认可，但未提交相关证据予以反驳。法院认为，鉴于物业公司提供的物业服务项目及服务质量与约定标准存在差距，于女士应缴纳的物业费应依法减收，最后判决：于女士给付物业公司物业费及垃圾清运费2512.8元。本案中，物业服务费能否打折？

### 专家解答

按照《物业管理条例》的规定，物业管理活动是指业主通过选聘物业服务企业，由业主和物业服务企业按照物业服务合同约定，对房屋及配套的设施设备和相关场地进行维修、养护、管理，维护相关区域内的环境卫生和秩序的活动。可见，物业服务合同是物业管理活动的基础。物业管理活动的实质是业主和物业服务企业以物业服务为标的进行的一项交易。物业服务企业是基于物业服务合同的约定来为业主提供物业服务的。物业服务合同确立了业主和物业服务企业之间被服务者和服务者的关系，明确了物业管理活动的基本内容。物业服务企业根据物业服务合同提供物业服务，业主根据物业服务合同缴纳相应的物业服务费用，双方是平等的民事法律关系。

## 四、物业服务收费

根据小区业主委员会与物业公司于 2017 年 6 月 1 日签订的物业服务合同以及于 2017 年 8 月 18 日签订的物业服务补充合同相关约定，双方的合同期限为 2017 年 7 月 1 日至 2018 年 6 月 30 日。在这一年的合同期限内，作为业主的于女士有按照合同缴纳物业服务费的义务。同时，物业公司有按照合同约定提供物业服务的义务。于女士举证证明物业公司服务不到位，物业公司虽不予认可，但未提交相关证据予以反驳。因此，应当认定物业公司提供的物业服务确系存在瑕疵。按照权利义务对等原则，由法院对物业服务费进行酌减是恰当的。从法理上说，这种打折应当是针对小区全体业主的，而非仅仅针对于女士一人，因为物业管理和服务具有准公共服务性质，全体业主所享受的管理和服务是一致的。于女士享受到的服务有瑕疵时，其他业主享受到的服务同样存在瑕疵。最合理的做法是，由业主大会或业主委员会主张物业服务质量问题，胜诉后，全体业主共同享受物业费打折。单个业主提起此种诉讼时，法院应当驳回起诉。

### 法条链接

**《中华人民共和国民法典》**

**第一百一十九条** 依法成立的合同，对当事人具有法律约束力。

**《物业管理条例》**

**第三十五条** 物业服务企业应当按照物业服务合同的约定，提供相应的服务。

物业服务企业未能履行物业服务合同的约定，导致业主人身、财产安全受到损害的，应当依法承担相应的法律责任。

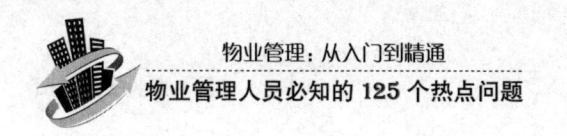

## 49. 物业公司一次可以预收多长时间的物业服务费？

### 现实案例

赵先生在某小区购买了一套新房，在办理入住手续时，物业公司要求他签订一份物业服务合同。他发现，物业服务合同中约定"物业服务合同期限为20年，合同期满未选出新的物业服务企业的，合同自动延续"。物业公司还要求他先行缴纳3年的物业服务费，共计6096.68元，否则不能领新房钥匙。对此，赵先生提出异议："房子钥匙还没有领到手，根本还没有享受到物业服务，凭什么预收物业费？而且还要预收3年的费用。"物业公司称，物业公司可以按年度预收物业服务费，但是由于物业服务合同期限较长，所以一次预收3年的物业服务费也是合理的。本案中，物业公司是否可以预收物业服务费？如果可以预收，能否一次性预收3年的物业服务费？

### 专家解答

法律并未对预收物业服务费作出限定。一般而言，物业服务合同中有关于交费期限的约定，业主应当按照物业服务合同的约定按时足额缴纳物业服务费用或者物业服务资金。而对于刚买新房的业主，在办理入住时缴纳物业服务费也是普遍的做法。实践中，常见的做法是（预）收取1年的物业服务费。如果物业服务合同并未明确约定物业公司可以收取 3 年的物业服务费，物业公司则不能一次性预收这么长时间的费用。

## 法条链接

《中华人民共和国民法典》

第九百三十八条　物业服务合同的内容一般包括服务事项、服务质量、服务费用的标准和收取办法、维修资金的使用、服务用房的管理和使用、服务期限、服务交接等条款。

物业服务人公开作出的有利于业主的服务承诺，为物业服务合同的组成部分。

物业服务合同应当采用书面形式。

《物业服务收费管理办法》

第十五条第一款　业主应当按照物业服务合同的约定按时足额交纳物业服务费用或者物业服务资金。业主违反物业服务合同约定逾期不交纳服务费用或者物业服务资金的，业主委员会应当督促其限期交纳；逾期仍不交纳的，物业管理企业可以依法追缴。

## 50. 物业公司有权要求业主缴纳前业主拖欠的物业服务费吗？

**现实案例**

2018年1月19日，黑某（卖方）与白某（买方）签订房屋买卖合同，黑某将自己的房屋卖给白某，售价为120万元，白某将全部购房款一次性支付给黑某。2018年2月10日，白某入住时发现，截至2018年1月签订合同之时，该房屋已拖欠物业公司物业服务费本金及滞纳金近2万元。白某当即打电话给黑某，要求其立即缴纳拖欠的物业费。但黑某辩称其售房款属于"净收"，物业服务费应随着房子走，买方应支付拖欠的物业费。白某入住后，物业公司多次上门催缴物业费，还声称将采取停水、停电措施追缴。当白某买了新家具进小区时，遭到了保安的阻拦，要求其必须交清现在房屋拖欠的物业服务费，否则不得进入小区。本案中，物业公司有权要求业主（白某）缴纳前业主（黑某）拖欠的物业服务费吗？白某有缴费义务吗？

**专家解答**

物业公司无权要求业主（白某）缴纳前业主（黑某）拖欠的物业服务费，白某没有缴费义务。

本案中，存在两个法律关系。一个是有关物业服务费的债权债务关系，另一个是有关房屋的物权关系。近2万元的物业服务费本金及滞纳金这一债权债务关系存在于物业公司与黑某之间。物业公司是债权人,黑某是债务人。债权具有相对性,在2018年1月之前,黑某是业主,享受了物业服务,物业公司作为物业服务提供方,有权要求黑某缴纳其间的费用。2018年1月19日,黑某(卖方)与白某(买方)签订房屋买卖合同,黑某将自己的房屋卖给白某,白某成为该房屋的所有权人。这是一种物权,而物权具有直接支配性,即白某作为物权人得依自己的意思,无须他人意思或行为的介入,对标的物为管领处分,实现其权利内容之特性。物权还具有保护之绝对性,在物权人白某对其标的物房屋的支配领域内,非经其同意,任何人均不得侵入或干涉,否则即构成违法。物业公司阻止白某携带家具进入小区,侵犯了物权人白某的物权,是违法的。且物业公司的理由亦不成立,2018年1月之前,黑某与物业公司是物业服务合同的当事人,物业服务费应当由黑某承担。

## 法条链接

**《物业服务收费管理办法》**

**第十五条第三款** 物业发生产权转移时,业主或者物业使用人应当结清物业服务费用或者物业服务资金。

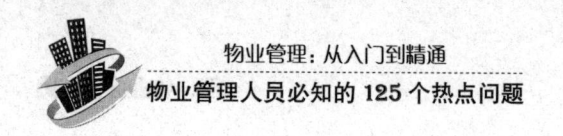

## 51. 物业公司的物业费收费权可以转让吗？

### 现实案例

金女士购买了一套商品房，并与开发商签订了《前期物业服务委托协议》，约定由开发商委托 A 物业公司提供物业服务。在服务 2 年后，由于业主欠费等原因导致公司经营困难，A 物业公司在合同期满后决定不再继续提供物业服务。经业主大会决议，选聘 B 物业公司为小区提供服务。由于 A 物业公司撤出小区时，部分业主仍未结清拖欠的物业费，A 物业公司决定留下 2 名工作人员继续在小区收缴欠费。在收缴欠费的过程中，A 物业公司员工几次与业主发生冲突，影响了 B 物业公司正常开展管理服务。为避免再次发生类似冲突，A 物业公司与 B 物业公司商定，A 物业公司将其对欠费业主的债权转让给 B 物业公司，B 物业公司给 A 物业公司一定数额的经济补偿，A 物业公司不再留人在小区。双方于 2017 年 6 月 1 日签订了《授权委托书》，载明"A 物业公司现委托 B 物业公司收取某小区业主拖欠的 2015 年至 2017 年的物业费。代理权限为全权代理"。金女士为小区欠费业主之一。随后，B 物业公司向金女士收取拖欠 A 物业公司的物业服务费，B 物业公司多次打电话或发函催要，均遭拒绝。随后 B 物业公司将金女士告到法院，要求金女士给付 2015 年 4 月 1 日至 2017 年 3 月 31 日所欠的物业费共计 5204.6 元，违约金 260 元，共计 5464.6 元。金女士辩称，2015 年至 2017 年双方因未签订任何物业服务合同，故并不存在物业服务合同关系，即

## 四、物业服务收费

使拖欠了物业服务费，也应当由 A 物业公司收取，请求法院驳回 B 物业公司的诉讼请求。本案中，B 物业公司有权要求业主金女士缴纳拖欠 A 物业公司的物业服务费吗？

### 专家解答

B 物业公司无权要求业主金女士缴纳拖欠 A 物业公司的物业服务费，理由如下：A 物业公司与 B 物业公司签订的《授权委托书》，性质上属于一种委托代理行为，而并非债权转让行为，因为债权转让需通知债务人，而两家物业公司并未就该债权转让向业主金女士进行明确告知。因此，B 物业公司无权以自己的名义进行诉讼来主张收取金女士 2015 年 4 月 1 日至 2017 年 3 月 31 日所欠的物业服务费。

债权让与，是指不改变债权关系的内容，债权人通过让与合同将其债权转移于第三人享有。除了被让与的债权具有可让与性、让与人与受让人就债权的转让达成协议之外，债权让与生效还必须满足"履行对债务人的债权让与通知义务"，否则，债权让与对债务人不产生效力。本案中，如果 A 物业公司与 B 物业公司签订了拖欠物业服务费的债权让与协议，同时，通过适当的方式（如信函、传真、告知等）通知了欠费业主，那么 B 物业公司就有权直接以自己的名义向金女士主张 2015 年 4 月 1 日至 2017 年 3 月 31 日所欠的物业服务费。

### 法条链接

《中华人民共和国民法典》

**第五百四十五条** 债权人可以将债权的全部或者部分转让给第

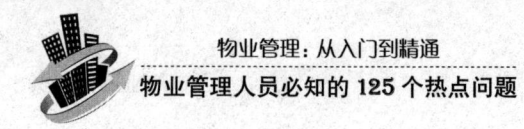

三人,但是有下列情形之一的除外:

(一)根据债权性质不得转让;

(二)按照当事人约定不得转让;

(三)依照法律规定不得转让。

当事人约定非金钱债权不得转让的,不得对抗善意第三人。当事人约定金钱债权不得转让的,不得对抗第三人。

**第五百四十六条** 债权人转让债权,未通知债务人的,该转让对债务人不发生效力。

债权转让的通知不得撤销,但是经受让人同意的除外。

四、物业服务收费

## 52. 买房后一直未入住，物业公司是否有权向业主收取物业服务费？

**现实案例**

李先生在郊区买了一套房子，准备退休后与老伴儿搬去居住养老，所以，在开发商交房后，李先生一直没装修入住。有一天，李先生接到物业公司让他缴纳一年物业服务费的通知。李先生认为物业公司不讲理，自己没入住，没享受到服务，不应当缴纳物业服务费，如果缴纳也应当打个折。而物业公司坚持认为，李先生没有入住也应当全额缴纳费用。李先生应否缴纳物业服务费呢？如果需要缴纳，是否可以少交一部分费用呢？

**专家解答**

房屋交付之后，李先生就成了法律意义上的业主，应当依法承担业主的义务。此外，物业管理和服务的内容是针对房屋及配套的设施设备和相关场地的维修、养护和管理，以及对于物业管理区域内的环境卫生和相关秩序进行维护，属公共性服务，而不是针对李先生单元门内的专有部分。可见，物业公司的管理和服务内容是针对公共部位和共有部分的，不论李先生是否入住，物业公司都要照常提供服务，其中包含业主李先生对共有部分所拥有的份额的服务。因此，李先生应当足额缴纳物业服务费。

从实践上来看，买房人与开发商签订房屋买卖合同的同时，要签

139

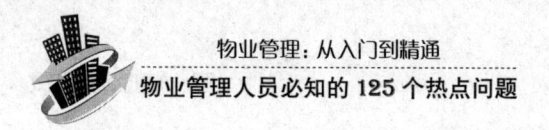

订前期物业服务合同,对业主缴纳物业服务费的义务进行约定。因此,从合同约定角度也能判断未入住的业主是否应当缴纳物业服务费。

## 法条链接

《中华人民共和国民法典》

第九百四十四条 业主应当按照约定向物业服务人支付物业费。物业服务人已经按照约定和有关规定提供服务的,业主不得以未接受或者无需接受相关物业服务为由拒绝支付物业费。

业主违反约定逾期不支付物业费的,物业服务人可以催告其在合理期限内支付;合理期限届满仍不支付的,物业服务人可以提起诉讼或者申请仲裁。

物业服务人不得采取停止供电、供水、供热、供燃气等方式催交物业费。

《物业管理条例》

第七条 业主在物业管理活动中,履行下列义务:

……

(五)按时交纳物业服务费用;

……

四、物业服务收费

## 53. 业主能否因物业服务质量问题拒缴物业服务费？

**现实案例**

张某是某小区业主，其认为物业公司的管理存在很大问题，消防通道经常被汽车占用，环境卫生也不尽如人意，经常能看到烟头、未清理完的树叶、纸屑等杂物。后来，物业公司将张某起诉到法院追索物业费。张某认为，物业公司没有按物业服务合同的约定提供让业主满意的服务，其可以拒缴物业费。张某可否因物业服务质量问题拒缴物业服务费呢？

**专家解答**

不可以。

首先，物业服务合同是物业服务人在物业服务区域内，为业主提供建筑物及其附属设施的维修养护、环境卫生和相关秩序的管理维护等物业服务，业主支付物业费的合同。物业公司有提供物业服务的义务，业主有缴纳物业费的义务。但物业服务具有连续性和不容易精确计量的特点，如果业主仅依据物业服务中存在的卫生清扫不到位、维修不到位的个别现象，而物业公司尚不构成根本违约，就完全不缴纳物业费，那么双方权利义务就显得不对称。司法实践中，业主提供相关证据的，部分法院会支持物业费的适当减收。

其次，从法理上分析，物业服务是基于全体业主的委托，对物业

141

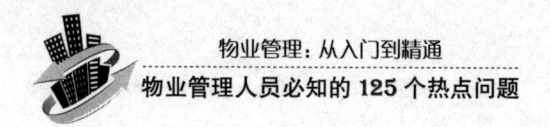

服务区域公共部分、共有共用部位及设施设备的管理、维修和养护，并不是对单个业主提供的服务。对于物业公司的物业服务质量问题，不论追究何种形式或程度的违约责任，理论上均应由代表全体业主的业主大会或业主委员会作为主体提出，相应的结果也应及于全体业主。

就本案而言，业主与物业公司双方根据签订的物业服务合同各自行使权利履行义务，张某列举的消防通道被占用、环境卫生方面的服务质量问题，不构成根本违约，即便是物业服务存在一定的瑕疵，但一定程度的瑕疵在法律上不能成为拒绝缴纳物业服务费的合理理由。业主不能拒绝缴纳物业费。

## 法条链接

**《中华人民共和国民法典》**

**第五百七十七条** 当事人一方不履行合同义务或者履行合同义务不符合约定的，应当承担继续履行、采取补救措施或者赔偿损失等违约责任。

**第九百三十七条** 物业服务合同是物业服务人在物业服务区域内，为业主提供建筑物及其附属设施的维修养护、环境卫生和相关秩序的管理维护等物业服务，业主支付物业费的合同。

物业服务人包括物业服务企业和其他管理人。

**《物业管理条例》**

**第七条** 业主在物业管理活动中，履行下列义务：

……

（五）按时交纳物业服务费用；

……

四、物业服务收费

## 54. 业主委员会要求业主拒付物业服务费有依据吗？

### 现实案例

物业公司受某小区业主委员会委托为小区提供物业管理和服务，并与其签订了《物业服务合同》。物业公司服务半年后，物业服务质量开始下降，首先是保安的数量少了，接着清扫垃圾的次数也变少了。业主们对此反映强烈。业主委员会认为，物业公司未按照物业服务合同的约定提供物业服务。一天，业主委员会在小区四处张贴告示，要求业主拒付本年度的物业服务费直至物业公司改进服务为止。本案中，业主委员会有权要求业主拒付物业服务费吗？

### 专家解答

业主委员会无权要求业主拒付物业服务费。因为物业服务的权利义务关系存在于物业公司和每位业主之间，物业公司有提供物业服务的义务，业主有缴纳费用的义务。这种权利义务关系是对等的。而业主委员会是小区业主大会的执行机构，其可以代表全体业主与物业公司签订物业服务合同，但不代表业主委员会就是物业服务权利义务的承受者。业主委员会有监督和协助物业服务企业履行物业服务合同的职责，但并不能直接要求业主拒缴物业服务费。即使业主委员会张贴了告示，也是无效的。

本案纠纷起因于物业公司服务质量的下降，如果业主委员会或

143

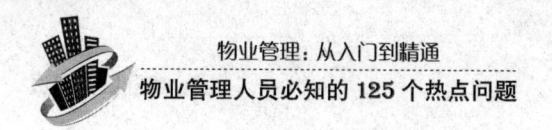

业主对此提出意见，而物业公司仍不改正的，业主委员会或者业主可依法提起诉讼，维护自己的合法权益。

## 法条链接

**《中华人民共和国民法典》**

**第五百零九条** 当事人应当按照约定全面履行自己的义务。

当事人应当遵循诚信原则，根据合同的性质、目的和交易习惯履行通知、协助、保密等义务。

当事人在履行合同过程中，应当避免浪费资源、污染环境和破坏生态。

**《物业管理条例》**

**第十五条** 业主委员会执行业主大会的决定事项，履行下列职责：

……

（三）及时了解业主、物业使用人的意见和建议，监督和协助物业服务企业履行物业服务合同；

……

## 55. 物业公司追索业主欠费的诉讼时效是多长时间？

### 现实案例

某物业公司与一小区业主委员会签订《物业服务合同》。郭某系该小区的业主，其房屋建筑面积为81.94平方米。从2007年起，他以长期在国外为由拒缴物业服务费，其后的时间内，物业公司多次通过电话、律师函的形式催缴物业服务费，未果。物业公司起诉要求郭某支付2007年1月20日至2019年1月20日的物业费。郭某提出诉讼时效的抗辩意见。经查，物业公司仅能提交2018年4月的催缴函，未能就其公司主张的持续催缴行为提交相应证据予以证明。最终法院认定物业公司主张的2007年1月20日至2015年1月19日的物业费已经超过诉讼时效，对物业公司主张的该期间物业费的诉讼请求不予支持。

物业公司追索业主欠费有关的诉讼时效是怎么规定的？

### 专家解答

所谓的诉讼时效，是指民事权利受到侵害的权利人在法定的时效期间内不行使权利，当时效期间届满时，债务人获得诉讼时效抗辩权，权利人丧失胜诉权。2017年10月1日起，《民法总则》（已废止）施行，将普通诉讼时效期间由2年延长至3年。自2021年1月1日起施行的《民法典》同样规定普通诉讼时效期间为3年。

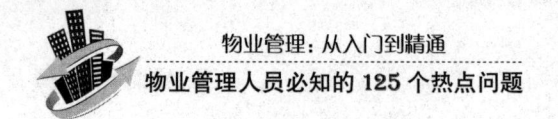

当权利人向义务人提出履行请求、义务人同意履行义务、权利人提起诉讼或者申请仲裁时，诉讼时效中断。诉讼时效中断的，从中断、有关程序终结时起，诉讼时效期间重新计算。

物业公司追索业主欠缴的物业费，适用三年普通诉讼时效。本案中，物业公司只能提供2018年4月的催缴函，而被告业主提出诉讼时效抗辩意见，因此往前推三年的债权可以得到保护，再之前的便丧失了胜诉权。

司法实践中，也有观点认为，物业服务合同视为连续性、整体性的合同，物业费一年一缴相当于物业费是分期缴纳，主张诉讼时效应从最后一期物业费履行期限届满之日起算。照此逻辑，本案将不存在超过诉讼时效问题。

综上，对于业主的欠费，物业公司应当从严把握诉讼时效问题（从每笔物业费缴纳时间分别起算诉讼时效，而非从最后一期物业费履行期限届满之日起算），及时催缴，并固定相关证据，防止请求超过法律法规规定的诉讼时效。

## 法条链接

**《中华人民共和国民法典》**

**第一百八十八条** 向人民法院请求保护民事权利的诉讼时效期间为三年。法律另有规定的，依照其规定。

诉讼时效期间自权利人知道或者应当知道权利受到损害以及义务人之日起计算。法律另有规定的，依照其规定。但是，自权利受到损害之日起超过二十年的，人民法院不予保护，有特殊情况的，人民法院可以根据权利人的申请决定延长。

**第一百九十五条** 有下列情形之一的，诉讼时效中断，从中断、有关程序终结时起，诉讼时效期间重新计算：

（一）权利人向义务人提出履行请求；

（二）义务人同意履行义务；

（三）权利人提起诉讼或者申请仲裁；

（四）与提起诉讼或者申请仲裁具有同等效力的其他情形。

## 56. 物业公司能否向首层业主收取电梯费？

### 现实案例

胡女士是某小区一层某房屋的业主。胡女士与物业公司签订了《前期物业服务协议》，约定物业公司向胡女士提供共用设施设备维修养护、秩序维护、清洁卫生等各项物业服务，同时约定物业服务费标准为 2.2 元 / 平方米·月，还在第六条中明确约定物业服务费用中包含管理费用、物业共用部位维修费用、小区公共设施设备日常运行和维护费用、电梯运营费用等。入住后，物业公司要求胡女士缴纳物业服务费，但胡女士认为自己住在小区一层，根本用不着电梯，也从未用过电梯。电梯属于小区的共用设施，其在买房的时候已经支付了小区公摊部位的价款，现在不使用电梯，就不应当再支付电梯的日常运营维护费用了。物业公司经多次向胡女士催要物业服务费未果，遂将其告上法庭，请求判令胡女士支付拖欠的两年物业服务费。本案中，缴纳电梯运行维护费是否属于业主胡女士应当履行的义务呢？业主的义务都包含哪些内容？

### 专家解答

《物业管理条例》规定了业主在物业管理活动中，应当履行"按时交纳物业服务费用"的义务。电梯运行维护费属于物业服务费用的一部分。本案的关键在于，不使用电梯的一层业主是否也需要缴纳电梯服务费呢？

一层业主胡女士同样需要缴纳电梯服务费。理由包括：一是基于法律规定。《民法典》第二百八十三条规定，建筑物及其附属设施的费用分摊、收益分配等事项，有约定的，按照约定；没有约定或者约定不明确的，按照业主专有部分面积所占比例确定。而胡女士与物业公司之间签订了《前期物业服务协议》，其中第六条已明确约定物业服务费用中包含电梯运营费用，而并未约定一层业主可以免交或少缴电梯运营费用。二是因为业主对建筑物专有部分以外的共有部分，享有权利，承担义务；不得以放弃权利为由不履行义务。业主的建筑物区分所有权是一种集合权，包括对专有部分享有的所有权、对建筑区划内的共有部分享有的共有权和共同管理的权利，而这三种权利具有不可分离性。电梯属于共用设施设备，由全体业主行使共有权。当然，这个"共有权"并非纯粹意义上的"权利"，它同时包括共同承担的"义务"。因此，每位业主都有使用电梯的权利，也都负有支付维修养护等相关费用的义务。业主不得以不使用电梯为由不缴纳电梯维修养护费。因此，胡女士应当承担电梯运行维护费。

## 法条链接

**《中华人民共和国民法典》**

**第二百八十三条** 建筑物及其附属设施的费用分摊、收益分配等事项，有约定的，按照约定；没有约定或者约定不明确的，按照业主专有部分面积所占比例确定。

**《物业管理条例》**

**第七条** 业主在物业管理活动中，履行下列义务：

……

（五）按时交纳物业服务费用；

……

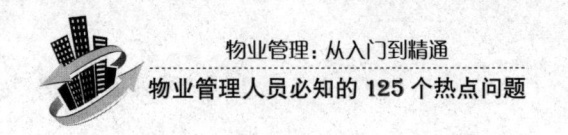

## 57. 物业公司能否通过停电催缴电费？

### 现实案例

某物业公司接受业主委员会委托为某大厦提供物业服务，双方签订物业服务合同，合同期限为 2017 年 11 月 15 日至 2018 年 12 月 31 日。合同约定物业公司的权利义务主要为：制定物业服务方案、制度；开展日常物业服务工作；收取物业服务费、车辆场地使用费、停车费等。物业公司提供服务的内容和标准为以下几项：房屋维护、保养和维修服务；环境卫生服务；绿化养护服务……合同第二十条约定，大厦由物业公司代收代付电费，按 1.15 元 / 度计收……物业公司与国网供电公司签有《高压供用电合同》，约定国网供电公司向物业公司供电，物业公司有缴纳电费的义务等内容。彭某为大厦某专有部分业主，其将相关房屋对外出租用于经营。

2018 年 4 月 1 日，物业公司向业主彭某发出要求缴纳电费公告一份，要求彭某务必于 2018 年 4 月 2 日上午 9 时 30 分之前交清所欠电费，如逾期不缴纳，物业公司拉闸停电，由此产生的一切后果由彭某全部承担。因彭某未及时缴纳尚欠电费，2018 年 4 月 2 日，物业公司对涉案房屋进行拉闸停电。

彭某诉至法院，要求判令：物业公司立即送电，停止侵害；物业公司向彭某支付经营损失 23572.54 元；本案诉讼费由物业公司承担。

法院认为，物业公司不是供电人，无权擅自停止电力供应。但彭某是业主，对停电行为知情，未尽到物业服务合同约定的缴纳电费的义务，对诉请物业公司赔偿其因停电产生的损失不予支持。判决：物业公司于判决生效之日起7日内恢复供电。

### 专家解答

物业公司是否有权对业主彭某停电？先分析二者之间的法律关系。物业公司与业主之间存在物业服务合同关系、转供电合同关系。所谓转供电，是指在公用供电设施尚未到达的地区，供电企业征得该地区有供电能力的直供用户同意，可采用委托方式向其附近的用户转供电力。恰如本案，国网供电公司无法直接向业主彭某供电，而是通过委托物业公司的方式向业主彭某转供电力。

但根据《民法典》《电力法》《供电营业规则》，对电力直供户及被转供用户用电的调度、供电的权力，包括中断供电的权力，属供电企业。转供户无权擅自停电。此外，供电企业在中止供电时，也应遵守严格的程序。物业公司不是供电企业，仅是转供户，并没有权力直接停止供电。

因物业公司停止供电造成的损失，如彭某能举证证明，物业公司理应予以赔偿。笔者不认同法院对业主彭某经济赔偿诉请全部驳回的判决。

### 法条链接

**《中华人民共和国民法典》**

**第六百五十四条**　用电人应当按照国家有关规定和当事人的约定及时支付电费。用电人逾期不支付电费的，应当按照约定支付违约金。经催告用电人在合理期限内仍不支付电费和违约金的，供电

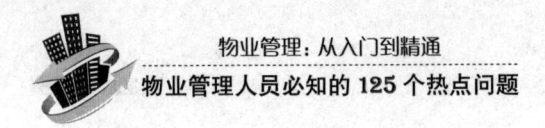

人可以按照国家规定的程序中止供电。

供电人依据前款规定中止供电的,应当事先通知用电人。

**《中华人民共和国电力法》**

第二十九条　供电企业在发电、供电系统正常的情况下,应当连续向用户供电,不得中断。因供电设施检修、依法限电或者用户违法用电等原因,需要中断供电时,供电企业应当按照国家有关规定事先通知用户。

用户对供电企业中断供电有异议的,可以向电力管理部门投诉;受理投诉的电力管理部门应当依法处理。

**《供电营业规则》**

第七十条　除因故需要中止供电和可以立即中止供电的情形外,供电企业需对用户停止供电时,应当按照下列程序办理:

(一)在停电前三至七日内,将停电通知书送达用户,对重要用户的停电,应当将停电通知书报送同级电力管理部门;

(二)在停电前三十分钟,将停电时间再通知用户一次,方可在通知规定时间实施停电。

四、物业服务收费

## 58. 物业公司是否应当向业主公布收支账目？

### 现实案例

某业主将物业公司起诉到法院，请求法院判令：1. 物业公司公示近两年的公共收益收入情况；2. 公示 2013 年至 2020 年物业服务费的收支账目；3. 公示共用设施设备档案，包括消防系统、监控系统、电梯系统维修通知记录。以上内容要求被告物业公司提供的材料向原告个人出示，要求查阅、复制。

### 专家解答

本案是一起业主知情权诉讼纠纷。《民法典》及有关司法解释对于物业公司应当向业主公示的内容进行了规定，包括服务的事项、负责人员、质量要求、收费项目、收费标准、履行情况，以及维修资金使用情况、业主共有部分的经营与收益情况、建筑区划内规划用于停放汽车的车位、车库的处分情况等。上述内容还应当以合理方式向业主公开并向业主大会、业主委员会报告。

本案中，业主的第一项诉讼请求应当得到支持。第三项诉讼请求缺乏法律依据，目前并未规定物业公司应当将这些资料向业主个人公示，只有当发生物业项目交接时，原物业公司才应当进行移交。

关于本案业主提出的第二项诉讼请求，仅依据《民法典》及有关司法解释，业主的该项请求因缺乏明确的规定而无法得到支持。

153

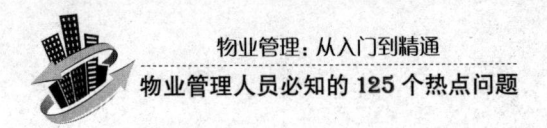

尤其是对于实行包干制物业费收费模式的物业项目，由业主向物业公司支付固定物业服务费用，盈余或亏损均由物业公司享有，物业公司没有公布物业服务费收支情况的法定义务。

但在有些地方，如北京市，《北京市物业管理条例》就规定，物业公司应当向业主公示上一年度物业服务合同履行及物业服务项目收支情况、本年度物业服务项目收支预算。而这种公示要求，并没有区分包干制收费模式还是酬金制收费模式。

## 法条链接

《中华人民共和国民法典》

第九百四十三条 物业服务人应当定期将服务的事项、负责人员、质量要求、收费项目、收费标准、履行情况，以及维修资金使用情况、业主共有部分的经营与收益情况等以合理方式向业主公开并向业主大会、业主委员会报告。

《最高人民法院关于审理建筑物区分所有权纠纷案件适用法律若干问题的解释》

第十三条 业主请求公布、查阅下列应当向业主公开的情况和资料的，人民法院应予支持：

（一）建筑物及其附属设施的维修资金的筹集、使用情况；

（二）管理规约、业主大会议事规则，以及业主大会或者业主委员会的决定及会议记录；

（三）物业服务合同、共有部分的使用和收益情况；

（四）建筑区划内规划用于停放汽车的车位、车库的处分情况；

（五）其他应当向业主公开的情况和资料。

## 四、物业服务收费

**《北京市物业管理条例》**

**第七十条** 物业服务人应当在物业管理区域内显著位置设置公示栏,如实公示、及时更新下列信息,并且可以通过互联网方式告知全体业主:

(一)物业服务企业的营业执照、项目负责人的基本情况、联系方式以及物业服务投诉电话;

(二)物业服务内容和标准、收费标准和方式等;

(三)电梯、消防等具有专业技术要求的设施设备的日常维修保养单位名称、资质、联系方式、维保方案和应急处置方案等;

(四)上一年度物业服务合同履行及物业服务项目收支情况、本年度物业服务项目收支预算;

(五)上一年度公共水电费用分摊情况、物业费、公共收益收支与专项维修资金使用情况;

(六)业主进行房屋装饰装修活动的情况;

(七)物业管理区域内车位、车库的出售和出租情况;

(八)其他应当公示的信息。

业主对公示内容提出异议的,物业服务人应当予以答复。

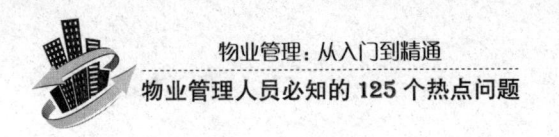

## 59. 业主可以对物业公司进行审计吗？

### 现实案例

北京某商品房小区的业主刘先生反映，其所居住的小区因物业账目方面不清楚，导致业主和物业公司矛盾激化，业主委员会迟迟不能正常运作。看到最近一期的晚报刊登了某小区成功审计物业公司账目后，刘先生也对自己小区的物业公司提出了审计账目的要求，尤其是要对公共收益部分的收支账目进行彻底审计。因为刘先生怀疑物业公司侵吞了属于业主的公共收益。物业公司认为："审计也可以，但如果要审计就进行全面审计，而不仅仅是审计公共收益部分，看到底是亏损还是盈利。"本案中，业主刘先生能否审计物业公司的账目呢？应如何进行审计？

### 专家解答

《北京市物业管理条例》规定了采取酬金制的物业项目，业主委员会或物业管理委员会可委托第三方对物业服务收支情况进行审计。而单个业主要求审计物业公司缺乏法律依据。在审计内容上，《北京市物业管理条例》规定的是酬金制物业项目的"物业服务收支情况"。

本案中，业主刘先生不能对物业公司提出审计的要求，小区如果已经成立业主委员会，则应通过业主委员会向物业公司提出审计的要求；如果尚未成立业主委员会，则应通过当地街道办事处或乡镇人民政府组织业主以共同决定的形式，对物业公司提出审计的要求。在审计内容上，法律法规并未规定必须全面审计，因此，可以仅对公共收益部分的收支账目进行审计。

### 法条链接

《北京市物业管理条例》

**第七十二条第二款** 采取酬金制交纳物业费的，物业服务企业应当与业主委员会或者物业管理委员会建立物业费和共用部分经营收益的共管账户。业主委员会或者物业管理委员会可以委托第三方对物业服务收支情况进行审计。

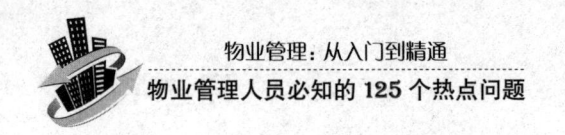

## 60. 物业公司能否通过断电或限电的方式催缴物业服务费？

**现实案例**

最近，某小区3号楼的林女士反映，从6月中旬开始，她家就一直断电。据林女士介绍，她家断电起源于屋顶漏雨，"刚买的房子，第一场大雨就开始漏雨，大雨过后，家里卧室内的墙壁开始掉墙皮"。林女士说，在随后的一年多时间内，她多次向物业公司反映，但始终没得到明确答复，于是从当月开始，林女士便拒绝再缴纳物业费，并且向物业公司说漏雨问题解决不了，她就不缴纳物业费。物业公司声称："林女士拖欠物业费不对，因为屋顶漏雨跟物业公司无关。但是，林女士可以将情况报给物业公司，然后物业公司再去协调开发商，由开发商修复漏雨部位。"双方经多次协商始终未能达成一致。当林女士发现自家刷卡预付费的电表里没电了，去物业公司买电时，物业公司称："不缴纳物业费就不卖电。"本案中，物业公司因为业主拖欠物业费就断业主的电合法吗？

**专家解答**

民法典明确禁止物业公司采取停水、断电等方式催缴物业费。当然，保修期内房屋漏雨，业主应向建设单位主张权利，不应通过拒缴物业费的方式向物业公司维权。业主欠费后，物业公司应以电话、书面信函或委托律师发送律师函等合理方式催告业主在合理期

## 四、物业服务收费

限内支付物业费。业主仍不缴纳的，物业公司可以起诉业主。物业公司停水、断电造成业主人身、财产受损的，将面临承担损害赔偿的法律风险。

### 法条链接

《中华人民共和国民法典》

第九百四十四条第三款　物业服务人不得采取停止供电、供水、供热、供燃气等方式催交物业费。

《物业管理条例》

第三十五条　物业服务企业应当按照物业服务合同的约定，提供相应的服务。

物业服务企业未能履行物业服务合同的约定，导致业主人身、财产安全受到损害的，应当依法承担相应的法律责任。

# 五、物业的使用与维护

## 61. 物业公司与业主委员会能否对公共收益进行约定分成？

### 现实案例

某小区业主委员会作为委托方（甲方）与受托方（乙方）小区物业公司签订了一份《物业服务合同》，约定业主委员会将本小区的物业服务委托给物业公司。双方在合同第四条约定，物业服务费由乙方负责直接向业主收取，业主委员会有权查询物业服务收费明细账，乙方必须按政府规定的程序收费，业主应自觉按时缴纳物业服务费，不得无故恶意拖欠，对恶意拖欠费用的业主，甲方有义务协助催交；综合服务费的收取标准为高层住宅物业0.80元/平方米·月；车位使用费按不同部位分别计取；广告及门面房收益分配……广告内容须经甲方审核同意，原则是不得有损物业整体形象、品位，不得干扰业主的正常生活；小区公共区域的广告位等公共设施，权属归全体业主，其收益由甲方、乙方进行利润分成；小区设备运行费、维修费（不含大中修）等，含对共用部位、共用设施、设备的日常运行、保养及维修服务，公共区域绿化养护服务，相关费用计入物业服务成本，由乙方负责等内容。物业公司在服务半年后撤出小区，双方发生纠纷。本案中，业主委员会与物业公司能否通过物业服务合同约定对公共收益进行分成？

### 五、物业的使用与维护

**专家解答**

按法律规定，利用业主的共有部分产生的收入，在扣除合理成本之后，属于业主共有。属于业主共有的收益处分的相关事项，应由业主共同决定，即业主大会决定。业主委员会在取得业主大会授权的情况下，一般通过形成业主大会决议的方式，可以与物业公司进行约定如何分成。如无业主大会授权，而是业主委员会自行决定，则属于业主委员会超越自身权限。在未经业主大会授权的情况下，业主委员会擅自与物业公司签订的合同，有可能被认定为无效。业主也可基于法律规定而主张撤销业主委员会有关决定。当然，司法实践中，此类合同也不必然被认定为无效，如业主委员会事后组织召开业主大会会议予以追认，则合同有效。也有法院基于物业公司为善意相对人，而认为合同有效。笔者倾向于从严把握。

本案中，《物业服务合同》第四条约定："……广告及门面房收益分配……广告内容须经甲方审核同意，原则是不得有损物业整体形象、品位，不得干扰业主的正常生活；小区公共区域的广告位等公共设施，权属归全体业主，其收益由甲方、乙方进行利润分成……"显然，这些事项属于应由业主共同决定的事项，应当经法定比例的业主同意。业主委员会只是业主大会的执行机构，执行业主大会的决定事项，履行代表业主与业主大会选聘的物业服务企业签订《物业服务合同》的职责。本案中，业主委员会未经业主大会授权，无权擅自与物业公司签订《物业服务合同》相关条款。业主委员会、物业公司应严格依法办事。

## 法条链接

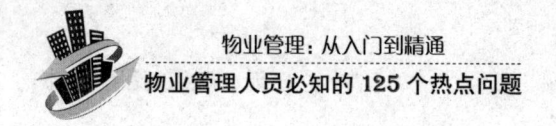

《中华人民共和国民法典》

**第二百七十八条** 下列事项由业主共同决定：

（一）制定和修改业主大会议事规则；

（二）制定和修改管理规约；

（三）选举业主委员会或者更换业主委员会成员；

（四）选聘和解聘物业服务企业或者其他管理人；

（五）使用建筑物及其附属设施的维修资金；

（六）筹集建筑物及其附属设施的维修资金；

（七）改建、重建建筑物及其附属设施；

（八）改变共有部分的用途或者利用共有部分从事经营活动；

（九）有关共有和共同管理权利的其他重大事项。

业主共同决定事项，应当由专有部分面积占比三分之二以上的业主且人数占比三分之二以上的业主参与表决。决定前款第六项至第八项规定的事项，应当经参与表决专有部分面积四分之三以上的业主且参与表决人数四分之三以上的业主同意。决定前款其他事项，应当经参与表决专有部分面积过半数的业主且参与表决人数过半数的业主同意。

**第二百八十二条** 建设单位、物业服务企业或者其他管理人等利用业主的共有部分产生的收入，在扣除合理成本之后，属于业主共有。

《最高人民法院关于审理建筑物区分所有权纠纷案件适用法律若干问题的解释》

**第七条** 处分共有部分，以及业主大会依法决定或者管理规约依法确定应由业主共同决定的事项,应当认定为民法典第二百七十八条第一款第(九)项规定的有关共有和共同管理权利的"其他重大事项"。

## 62. 业主在楼顶安装太阳能热水器，物业公司有权限制吗？

### 现实案例

贾女士与某开发商签订了《商品房买卖合同》，约定购买某小区 3 号院 2 号楼 17 层（顶层）1703 号商品房一套。贾女士入住时，与物业公司同时签订了《某小区物业管理协议》及《某小区装修管理规定》，在装修规定中，双方约定"未经物业公司同意，禁止在楼宇外墙上及楼顶露天平台上安装花架、防盗护栏、窗框、天线或遮阳棚等物件"。其后，贾女士与物业公司协商，要求在其房屋的楼顶安装太阳能热水器，但双方分歧较大，未能达成一致，后物业公司将贾女士所居住的 2 号楼通往楼顶的通道门锁住，以阻止贾女士在该楼楼顶安装太阳能热水器。贾女士不服，将物业公司诉至法院，请求法院判令物业公司将小区 2 号楼通往楼顶的通道门打开，允许其安装太阳能热水器。本案中，业主贾女士在楼顶上安装太阳能热水器，物业公司该管吗？

### 专家解答

毫无疑问，楼顶平台是 2 号楼全体业主的共用部位，属于业主共同所有。对于这一公共部位的使用权，如果是基于专有部分特定使用功能的合理需要而使用的，法律并不禁止。本案中，业主贾女士所居住的房屋在小区 2 号楼 17 层 1703 号，是顶层。她利用其所

## 五、物业的使用与维护

对的楼顶部分安装太阳能热水器,应当认定为"合理需要",不构成侵权。

在物业公司与业主贾女士签订的《某小区装修管理规定》中约定,"未经物业公司同意,禁止在楼宇外墙上及楼顶露天平台上安装花架、防盗护栏、窗框、天线或遮阳棚等物件"。约定中并没有明确禁止业主安装太阳能热水器。因此,即使是基于双方约定,业主贾女士也有权在楼顶安装太阳能热水器。

如果业主在楼顶安装太阳能热水器,可能损害他人合法权益的,业主大会应当事先在《临时管理规约》或者《管理规约》中约定禁止此项行为。作出约定之后,业主就不得再安装太阳能热水器。

### 法条链接

《最高人民法院关于审理建筑物区分所有权纠纷案件适用法律若干问题的解释》

**第四条** 业主基于对住宅、经营性用房等专有部分特定使用功能的合理需要,无偿利用屋顶以及与其专有部分相对应的外墙面等共有部分的,不应认定为侵权。但违反法律、法规、管理规约,损害他人合法权益的除外。

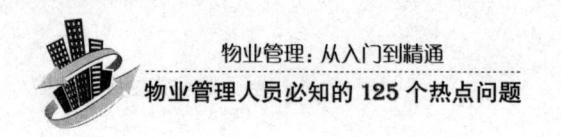

## 63. 业主搭建阳光房，物业公司应当怎么办？

### 现实案例

　　近日，某小区一楼的铁栅栏围墙被业主金先生改成了水泥质地，并在上面封起了玻璃顶，整个天井成了大大的阳光房。楼上几家住户不得不承受着玻璃反光、空调水"滴答"声的烦恼。"此前就搭建了一间，如今在隔壁又建了一间。"李先生指着一排长十几米的玻璃阳光房，两套房子是同一个主人，也许是之前的玻璃房一直没被拆，才会继续搭建。现场可以看到，在本该是铁栅栏的天井围墙上，部分砌起了砖墙，并配上玻璃窗，甚至还在围墙上开了一扇门，而上面的玻璃顶装修得较为精致，旁边开了一扇排气窗，顶上还有五扇天窗。"阳光好的时候，我们不得不拉窗帘。"住在二楼的陆老伯对阳光房一直颇为不满，"下雨天玻璃顶发出响声，加上一年四季空调水滴在上面，发出的'滴答'声真是让人心烦。"甚至还有老鼠沿着玻璃顶爬到了二楼，咬坏了他家的纱窗。"我们向物业公司反映过几次，但阳光房还是在那里。"几位二楼的邻居颇为着急，并且对物业公司的服务产生了不满情绪。为避免引起更多业主的不满，物业公司组织6名保安用铁锤、十字镐、锯条等工具，对业主金先生搭建的阳光房实施了强行拆除。在拆除过程中，金先生跑到屋外，与保安发生了冲突。事后，金先生将物业公司告到法院，要求物业公司赔偿其财产和精神损失。本案中，物业公司对业主金先生搭建的阳光房有权实施拆除吗？物业公司应当如何处理类似问题呢？

## 五、物业的使用与维护

### 专家解答

业主金先生将一楼的铁栅栏围墙改成水泥质地，并在上面封起了玻璃顶，搭建成长十几米的阳光房，占用了全体业主的共有部分，属于违法建设行为，违反了物业装饰装修和使用等方面的法律法规。显然，业主金先生搭建阳光房的行为是违法的。

对于金先生的违法建设行为，物业公司拥有哪些权利，又承担何种义务？依据《物业管理条例》的规定，物业公司应当对违法行为予以制止，并及时向有关行政管理部门报告。需要说明的是，物业公司与业主之间系物业服务关系，物业公司的"制止"，更多地应当理解为义务，而非权利。而且，物业公司"制止"的手段应当理解为劝说、劝阻，并无"强行拆除"的权利。《物业管理条例》第四十五条第二款规定："有关行政管理部门在接到物业服务企业的报告后，应当依法对违法行为予以制止或者依法处理。"因此，物业公司在为小区业主提供服务、行使管理权时，应依照合同约定或法律规定履行职责，物业公司若认为金先生搭建的阳光房属非法搭建物，应通过合法且适当的方式行使管理权。如果"强行拆除"，也只能由政府相关部门组织实施。物业公司的拆除行为是违法的。被告物业公司在"强行拆除"阳光房的过程中，损坏了原告财产，由此给原告造成的财产损失，应当由被告承担相应的民事赔偿责任。

实践中，物业服务区域内违法建设的行为比较常见。私搭乱建等违法建设行为，极易引起其他业主的不满，也会影响物业公司的日常管理。但物业公司绝不能因此而采取违法措施，应当合法、合理、合情地采取相应措施。

一、履行制止义务，制定统一规范的整改通知单。

物业公司发现业主或物业使用人存在违法建设行为的，可以首

169

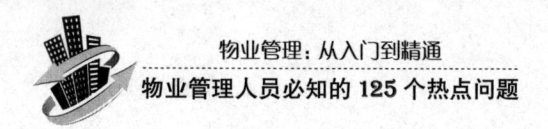

先口头劝阻。口头劝阻无效的，发送停止违法建设行为通知书和整改通知书，要求行为人立即停止违法建设并恢复原状。在发送通知书的过程中，应当注意做好记录，留存通知书回执、现场照片等相关证据。行为人不配合签收通知书的，物业公司可以采取邮政特快专递（EMS）的方式送达。

二、履行报告义务，制定统一规范的报告书。

违法建设行为依法应当由规划、城管等部门进行行政处罚或处理。建议物业公司制作《违法建设报告书》制式文本，相关文本可参考主管部门的示范文本。

## 法条链接

**《中华人民共和国民法典》**

**第二百七十二条** 业主对其建筑物专有部分享有占有、使用、收益和处分的权利。业主行使权利不得危及建筑物的安全，不得损害其他业主的合法权益。

**第二百七十四条** 建筑区划内的道路，属于业主共有，但是属于城镇公共道路的除外。建筑区划内的绿地，属于业主共有，但是属于城镇公共绿地或者明示属于个人的除外。建筑区划内的其他公共场所、公用设施和物业服务用房，属于业主共有。

**《物业管理条例》**

**第四十五条** 对物业管理区域内违反有关治安、环保、物业装饰装修和使用等方面法律、法规规定的行为，物业服务企业应当制止，并及时向有关行政管理部门报告。

有关行政管理部门在接到物业服务企业的报告后，应当依法对违法行为予以制止或者依法处理。

## 64. 小区装宽带，物业公司与业主选择不同的运营商怎么办？

**现实案例**

业主赵先生向市电信公司申请了宽带服务，电信公司在安装过程中，该小区物业公司以安装工作破坏小区建设，以及小区已经使用了另一家公司的宽带等理由阻止电信公司的安装工作。赵先生认为："我是业主，应该有自由选择通信公司的权利，物业公司无权干涉！"与物业公司交涉无果后，赵先生将小区物业公司告上法院，要求物业公司停止"阻止安装电信宽带服务"的侵权行为，并赔礼道歉。庭审中，物业公司辩称，该小区通信管路由另一家公司投资，电信公司如果要安装也应该在与另一家公司协商费用后，再由规划部门在规划的预埋通信管内穿线，而不应该违反规划在小区内乱拉、乱挖管线，损害小区的整体规划及其他业主的权益。

赵先生认为，自己所居住的小区虽然已经安装了另一家公司的宽带，但业主也有选择使用电信宽带的权利。那么，物业公司是否有权阻止业主选择另一家电信运营商呢？

**专家解答**

物业公司是按照物业服务合同约定为业主提供物业服务的企业，而电信企业能否进小区为业主提供宽带服务已经超出了物业服务的范围。即使业主或电信企业安装宽带的行为违反了规划，物业

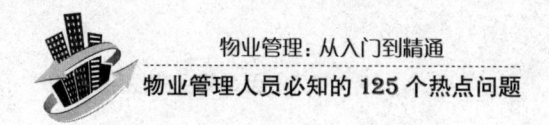

公司也应当通过报告规划部门进行处理，而不能简单地阻止。当然，业主赵先生虽然有选择使用哪家通信公司服务的权利，但不能违反相关政策法规，不得擅自占用、挖掘物业服务区域内的道路、场地，损害业主的共同利益。业主确需临时占用、挖掘道路、场地时，应当征得业主委员会和物业公司的同意。如果加装电信宽带而需改动或者迁移已有的电信线路及其他电信设施，则应当征得原有通信运营商的同意。因此，本案中，业主赵先生可以自由选择电信公司提供的宽带服务，但是在安装前应事先征得业主委员会和物业公司的同意，并应当将临时占用、挖掘的道路、场地，在约定期限内恢复原状。

## 法条链接

**《中华人民共和国电信条例》**

**第四十一条** 电信业务经营者在电信业务经营活动中，不得有下列行为：

（一）以任何方式限制电信用户选择其他电信业务经营者依法开办的电信服务；

（二）对其经营的不同业务进行不合理的交叉补贴；

（三）以排挤竞争对手为目的，低于成本提供电信业务或者服务，进行不正当竞争。

**第四十八条** 任何单位或者个人不得擅自改动或者迁移他人的电信线路及其他电信设施；遇有特殊情况必须改动或者迁移的，应当征得该电信设施产权人同意，由提出改动或者迁移要求的单位或者个人承担改动或者迁移所需费用，并赔偿由此造成的经济损失。

**《物业管理条例》**

**第五十条** 业主、物业服务企业不得擅自占用、挖掘物业管理区域内的道路、场地,损害业主的共同利益。

因维修物业或者公共利益,业主确需临时占用、挖掘道路、场地的,应当征得业主委员会和物业服务企业的同意;物业服务企业确需临时占用、挖掘道路、场地的,应当征得业主委员会的同意。

业主、物业服务企业应当将临时占用、挖掘的道路、场地,在约定期限内恢复原状。

## 65. 电梯噪声大，业主能否向物业公司索赔？

### 现实案例

葛先生在某小区购买了一套住房。入住后，葛先生才发觉房屋所在楼的两部电梯噪声非常大，导致他和老伴儿无法入睡，影响日常生活和工作。为此，葛先生曾多次向物业公司反映，要求采取隔音降噪措施。物业服务人员实地查看后也确认存在噪声，并对电梯采取了维修保养工作，但效果不甚理想。葛先生委托市环境监测中心现场进行噪声监测，结果显示电梯的夜间噪声测量值超过国家规定的限值。

葛先生认为，房产开发商在房屋的开发设计上存在缺陷，而物业公司对小区内电梯等公用设施负有管理、维修、保养义务，故将二者诉至法院，请求法院判令两被告对电梯进行隔音降噪整改，如未在规定的期限内完成整改，或整改不能通过验收合格的，需每天赔偿葛先生100元。开发商认为葛先生所在小区通过验收并实际交付使用多年，因维修保养不当导致了电梯老化，必然会产生噪声，所以不应当由其承担责任。而物业公司认为，他们已尽到合同约定的管理义务，公司每年对电梯进行日常维修保养，且葛先生反映问题后，物业公司也多次对电梯进行维修。因此，物业公司不存在任何过错。本案中，电梯噪声污染，应当由谁承担责任？物业公司应否赔偿葛先生的损失？

### 五、物业的使用与维护

> 专家解答

本案是一起电梯噪声引发的侵权责任纠纷案件。根据《民法典》的规定，因污染环境、破坏生态发生纠纷，行为人应当就法律规定的不承担责任或者减轻责任的情形及其行为与损害之间不存在因果关系承担举证责任。噪声污染也属于环境污染的一种。本案适用上述相关法律规定。

本案中，开发商在建设小区时安装了电梯设备，对电梯的质量和使用安全应当负责。物业公司是电梯日常维护保养单位。葛先生初步证明了存在电梯噪声的侵权行为之后，开发商、物业公司应就法律规定的不承担责任或者减轻责任的情形及其行为与损害之间不存在因果关系承担举证责任。虽然开发商声称，电梯系因维修保养不当导致电梯老化而产生噪声污染，但并不能举证证明，因此，应当承担侵权责任。受害人葛先生有权要求开发商停止侵害、排除妨碍（如进行隔音降噪整改）、赔偿损失。物业公司如果能够证明其已按照电梯使用要求及物业服务合同关于电梯维修保养要求履行了相关义务，就可以免予承担责任。物业公司如不能举证证明则也应承担侵权责任。

> 法条链接

**《中华人民共和国民法典》**

**第一千二百二十九条** 因污染环境、破坏生态造成他人损害的，侵权人应当承担侵权责任。

**第一千二百三十条** 因污染环境、破坏生态发生纠纷，行为人应当就法律规定的不承担责任或者减轻责任的情形及其行为与损害之间不存在因果关系承担举证责任。

## 66. 楼房墙皮脱落砸坏汽车，物业公司应当赔偿吗？

### 现实案例

某小区业主吕先生，一直将私人汽车停放在楼下空地上。楼宇外墙皮脱落，从楼顶脱落的外墙水泥块重重地砸在了车子的前机器盖上，前挡风玻璃也出现了裂痕。吕先生多次找物业公司协商解决赔偿问题。物业公司认为，吕先生停车的位置并不属于停车位，而本次墙体脱落也纯属意外，因此，吕先生应自己承担随意停车所导致的后果，自行负担相应的修车费用，物业公司只负责向小区内业主收取水、电费用，因此物业公司与此次事故无关。双方就赔偿问题未能达成一致意见，业主吕先生将物业公司起诉到法院，要求物业公司赔偿修车费用3000元。庭审中，物业公司表示，吕先生所居住的小区没有正规的停车位，不具备设置停车位的条件，他们表示愿意和吕先生协商解决，为其支付30%的维修费用。对此，吕先生表示物业公司赔偿数额过低，不能接受。法院经审理后认为，物业公司作为建筑物管理人，对涉案楼房有维修、预防危险发生的义务，因此判决物业公司赔偿吕先生的全部修车费用。

### 专家解答

本案是因物业共有（共用）部分的管理引发的诉讼。案件焦点在于，物业公司应否赔偿业主吕先生的修车费用。

## 五、物业的使用与维护

建筑物、构筑物或者其他设施及其搁置物、悬挂物发生脱落、坠落造成他人损害，所有人、管理人或者使用人不能证明自己没有过错的，应当承担侵权责任。所有人、管理人或者使用人赔偿后，有其他责任人的，有权向其他责任人追偿。

物业公司是建筑物外墙的管理人，对涉案楼房有维修、预防危险发生的义务。业主与物业公司之间还存在物业服务合同关系，物业公司对业主也负有依约履行合同的义务。因此，本案发生了违约责任与侵权责任的竞合，业主吕先生有权选择要求侵害方/物业公司承担违约责任或者侵权责任。因此，物业公司应当对业主吕先生的修车费用进行赔偿。

如果本案房屋仍处于保修期内，那么，外墙脱落则极有可能与房屋质量有关，应由建设单位承担保修责任，并承担损害赔偿责任。物业公司承担责任后，有权进行追偿。

### 法条链接

**《中华人民共和国民法典》**

**第一百八十六条** 因当事人一方的违约行为，损害对方人身权益、财产权益的，受损害方有权选择请求其承担违约责任或者侵权责任。

**第一千二百五十三条** 建筑物、构筑物或者其他设施及其搁置物、悬挂物发生脱落、坠落造成他人损害，所有人、管理人或者使用人不能证明自己没有过错的，应当承担侵权责任。所有人、管理人或者使用人赔偿后，有其他责任人的，有权向其他责任人追偿。

## 67. 物业公司有权制止业主的群租行为吗？

### 现实案例

2018年6月21日，何某向业主安某租赁了上海某小区1203室三室两厅132平方米的房子，双方在租赁合同中约定，租赁期限为2年，房租为每月15000元，租金每3个月以现金方式支付。双方在合同中又约定了补充条款，其中有"甲方（安某）同意乙方（何某）分割出租（转租）"以及"若本条款与合同内的条款有冲突，应以本条款为准"的内容。何某将房子装修之后，将原有的房间分割成10个小隔间，其中客厅被分为3间，主卧、书房和餐厅各分为2间。

8月10日，小区物业公司向何某发出违章装修整改通知单，称其承租的房屋在室内装修施工中将房屋隔成多间、改变了房屋原有设计功能和布局，违反了约定，要求何某停止施工，恢复原状。9月6日，何某拉来了10张床，准备放进1203室，但在小区大门口，被物业管理人员拦了下来。由于争执无果，何某的10张床一直被扔在小区门口。一周后，何某将物业公司告上法庭。

原告何某认为，物业公司限制自己及其房客进出，侵犯了他们的人身权。因此，何某要求物业公司立即停止侵权，不得无理由阻拦自己及其房客正常出入小区，并赔偿其15000元的房屋租金。被告物业公司表示，搬床是"群租"行为的一部分，阻止搬床是为了制止"群租"，"何某的行为违反了《小区住宅临时管理规约》及

### 五、物业的使用与维护

《小区室内装饰装修管理服务协议》。物业公司曾经向何某发出整改通知，但她没有整改"。法院在审理此案过程中，查清了以下事实：2018年1月，该房房主安某与小区房地产公司签订了《小区住宅临时管理规约》，约定按照设计用途使用物业，禁止擅自改变住宅设计功能和布局。同时，何某还与物业公司签订了《小区室内装饰装修管理服务协议》，约定物业公司应对本物业内的装修装饰行为进行检查、服务和管理，另外协议约定严禁改变房间原有设计用途。法院审理后判决：驳回何某的诉讼请求。

### 专家解答

本案的争议问题在于：物业公司制止群租行为是否构成侵权？

"群租"并非一个严格的法律概念，一般是指，房屋产权人或使用权人通过改变房屋建筑结构和布局的方式，将房屋分割成多个独立的房间，然后以各个独立的房间为单位对外出租给多人的租赁现象。

群租行为违反了《上海市住宅物业管理规定》有关规定，同时违反了《小区住宅临时管理规约》和《小区室内装饰装修管理服务协议》相关约定。1203室业主安某与房地产公司签订了《小区住宅临时管理规约》，约定按照设计用途使用物业，禁止擅自改变住宅设计功能和布局。此外，何某还与物业公司签订了《小区室内装饰装修管理服务协议》，约定严禁改变房间原有设计用途。

本案中，1203室三室两厅132平方米的房屋，其客厅、卧室、餐厅、卫生间等部分都有各自的使用性质，何某擅自改变了房屋原有的使用性质，将所有部分都变成用于居住的小房间。且本案中，

**179**

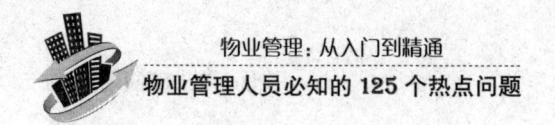

并非属于确需改变物业使用性质的情形，何某也未办理相关手续。因此，何某的群租行为违反了《上海市住宅物业管理规定》。

按照《物业管理条例》第四十五条以及《上海市住宅物业管理规定》第五十九条的规定，对于业主违反法律规定的物业使用行为，行政处理和处罚权在于有关行政管理部门。业主出现上述行为时，有关行政管理部门在接到物业服务企业的报告后，应当依法对违法行为予以制止或者依法处理，如责令改正、限期拆除、恢复原状、向人民政府申请强制拆除、罚款等。

本案中，对于何某违法使用物业的行为，物业公司实施了两个行为，即劝阻和制止。第一个行为是物业公司于8月10日向何某发出违章装修整改通知单，要求何某停止施工，恢复原状。第二个行为是物业公司于9月6日阻止何某将10张床运进小区。上述两个行为都属于劝阻和制止行为，其方式和强度合理且未违法，因此法院驳回物业使用人何某的诉讼请求是恰当的。

### 法条链接

**《物业管理条例》**

**第四十五条** 对物业管理区域内违反有关治安、环保、物业装饰装修和使用等方面法律、法规规定的行为，物业服务企业应当制止，并及时向有关行政管理部门报告。

有关行政管理部门在接到物业服务企业的报告后，应当依法对违法行为予以制止或者依法处理。

**《商品房屋租赁管理办法》**

**第八条** 出租住房的，应当以原设计的房间为最小出租单位，人均租住建筑面积不得低于当地人民政府规定的最低标准。

厨房、卫生间、阳台和地下储藏室不得出租供人员居住。

**第十条** 承租人应当按照合同约定的租赁用途和使用要求合理使用房屋，不得擅自改动房屋承重结构和拆改室内设施，不得损害其他业主和使用人的合法权益。

承租人因使用不当等原因造成承租房屋和设施损坏的，承租人应当负责修复或者承担赔偿责任。

**《上海市住宅物业管理规定》**

**第五十七条** 业主、使用人装饰装修房屋，应当遵守国家和本市的规定以及临时管理规约、管理规约。

业主、使用人装饰装修房屋的，应当事先告知物业服务企业，并与物业服务企业签订装饰装修管理协议。装饰装修管理协议应当包括装饰装修工程的禁止行为、垃圾堆放和清运、施工时间等内容。

业主、使用人未与物业服务企业签订装饰装修管理协议的，物业服务企业可以按照临时管理规约或者管理规约，禁止装饰装修施工人员、材料进入物业管理区域。

物业服务企业对装饰装修活动进行巡查时，业主、使用人或者装饰装修施工人员应当予以配合。

**第五十九条** 物业服务企业发现业主、使用人在物业使用、装饰装修过程中有违反国家和本市有关规定以及临时管理规约、管理规约行为的，应当依据有关规定或者临时管理规约、管理规约予以劝阻、制止；劝阻、制止无效的，应当在二十四小时内报告业主委员会和有关行政管理部门。有关行政管理部门在接到物业服务企业的报告后，应当依法对违法行为予以制止或者处理。

## 68. 楼上漏水楼下被淹,物业公司应否担责?

### 现实案例

某日下午5点30分,家住某小区803室的段女士房内发生大面积漏水,段女士赶紧向小区物业公司报修,维修人员赶到现场后,因未能联系到楼上的马女士,无法进入903室,遂打电话报警,之后在关闭单元楼进水阀门未果的情况下,物业公司的维修人员关闭了小区的总进水阀门。马女士则于当晚7点30分左右赶回家中,经查系903室房内卫生间的洗衣机进水管脱落所致,马女士遂进行了修复。嗣后段女士因房屋地板、墙面受损及房内放置的钢琴、小提琴、电脑、收录机、电话机、部分家具、书、照片和米、面粉等食用品受潮受损,要求马女士给予经济赔偿,但因双方对赔偿数额意见不统一,未能达成最终结果。

段女士遂将楼上住户马女士和物业公司诉至法院,要求马女士赔偿地板的修复费3300元,其余物品经济损失16000元;要求物业公司赔偿墙面的修复费用1000元,其余物品经济损失4000元。对此,马女士表示愿意在2000元范围内作合理补偿,物业公司则不同意赔偿。法院判决:一、马女士于判决生效后10日内赔偿段女士房屋装潢受损的修复费用人民币3500元;二、对段女士的其余诉讼请求不予支持。本案中,赔偿责任如何分配?物业公司是否应当承担责任呢?

## 五、物业的使用与维护

### 专家解答

本案的争议焦点是段女士的损失应如何赔偿，物业公司应否负赔偿责任。本案涉及的主要法律问题是相邻关系和物业公司的相关义务。

关于相邻关系，按照《民法典》第二百八十八条的规定，不动产的相邻权利人应当按照有利生产、方便生活、团结互助、公平合理的原则，正确处理相邻关系。被告马女士系段女士楼上住户，应在合理、安全范围内管理、使用房屋。马女士房屋内卫生间的水管损坏导致漏水，并对段女士的房屋装潢造成损害。马女士房屋漏水与段女士房屋装潢及房内财物损失之间存在必然的因果关系。因此，马女士应当承担相应的民事赔偿责任。具体赔偿数额应以段女士举证证明其因楼上漏水而遭受的损失数额计算，或者通过申请司法鉴定对段女士主张的物品的实际经济损失作出认定。段女士未提供证据亦未申请司法鉴定，因此，法院综合段女士房屋的实际受损状况及房屋装潢的折旧率对段女士房屋装潢的修复费用酌情予以判处并无不当。

物业公司的赔偿责任问题。物业公司应当按照物业服务合同的约定及相关法律规定，提供相应的服务。当然，当事人并未就服务合同中对本案情形下物业公司负有何种责任义务加以举证。因此，只能依据法理和物业管理法规进行判断。段女士认为物业公司对相关设施疏于管理、养护，要求其承担相应的赔偿责任。但段女士的损失直接源于楼上住户的不当用水行为，与物业公司的服务行为之间并不存在直接的因果关系。而且段女士提供的证据不能证明物业公司存在怠于行使管理职责的事实与段女士因漏水遭受的财产损失

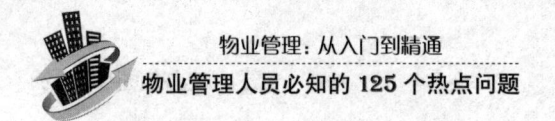

之间有直接的因果关系。从物业管理角度看，物业公司在接到业主报修后，及时赶到现场，报警并采取了关闭进水阀的应急措施，应当认定其履行了合理的物业管理职责。因此，物业公司不应承担赔偿责任。

本案中，判断物业公司应否承担侵权赔偿责任的关键在于是否有证据证明物业公司在漏水事件中存在未履行物业管理职责的行为。本案一方面能够反映出一个物业服务企业的应急服务能力，另一方面可以帮助物业服务企业界定本职工作的范围。建议物业公司建立突发事件应急预案，制定水、电类急修工作规程，以提高物业公司的应急处置能力。

## 法条链接

**《中华人民共和国民法典》**

**第二百八十八条** 不动产的相邻权利人应当按照有利生产、方便生活、团结互助、公平合理的原则，正确处理相邻关系。

**《物业管理条例》**

**第三十五条** 物业服务企业应当按照物业服务合同的约定，提供相应的服务。

物业服务企业未能履行物业服务合同的约定，导致业主人身、财产安全受到损害的，应当依法承担相应的法律责任。

## 69. 业主将住宅改为旅馆怎么办？

### 现实案例

最近，老张在小区院子内遛弯儿时总发现，有一些外来人员进进出出。原来是某栋楼101房间的业主李某在小区内开了一家"家庭式小旅馆"。李某不住在该小区，买了以后就没住过，他将房屋进行装修后，当成了旅馆。像这样的小旅馆每住一天的价格不过几十元，生意非常红火。入住者流动性较强，甚至有社会闲散人员，安全隐患极大，给小区居民的生活带来诸多不便。后来，有业主陆续反映该问题，"觉得不安全，都是邻居，上上下下、进进出出无所谓，但有外人住在这儿，可不放心"。本案中，对于101房间的业主李某将自己的房屋改为旅馆的情况，应该如何处理？

### 专家解答

本案属于一起典型的住改商案例。住宅改为经营性用房，《民法典》规定了两个条件：一是须遵守法律、法规以及管理规约；二是应经有利害关系的业主一致同意。最高人民法院司法解释规定了相邻业主的权利，明确规定法院支持有利害关系的业主主张的排除妨碍、消除危险、恢复原状或者赔偿损失等请求。也就是说，在诉讼过程中，有利害关系的业主一般只需证明有业主将住宅改变为经营性用房这一事实存在，其排除妨碍、消除危险、恢复原状等请求即可获得法院支持。"有利害关系的业主"，是指"本栋建筑物内的

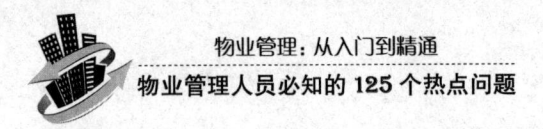

其他业主"，以及证明了其房屋价值、生活质量受到或者可能受到不利影响的"本栋建筑物"以外的业主。而且实行利害关系业主"一票否决"制。只要有一人不同意，相关业主即不可变更住宅用途。因此，相关业主可以通过诉讼的方式维护其合法权益。

如果管理规约中已经约定禁止将住宅改为经营性用房，那么，业主大会、业主委员会也可以通过诉讼方式或者直接要求业主改正相关行为。

对于物业服务企业是否有权提起诉讼，司法实践处理方式并不统一，有的法院受理并依法审理，但有的法院会驳回物业服务企业的起诉。实际上，根据《最高人民法院关于审理物业服务纠纷案件适用法律若干问题的解释》的相关规定，物业服务企业有诉权。

除此之外，根据经营性质的不同，住宅改为经营性用房还需要满足办理工商营业执照、租赁备案、消防要求、食品卫生要求等条件。如果不符合相关条件的，物业公司和业主可以向相关政府职能部门投诉举报。

## 法条链接

**《中华人民共和国民法典》**

**第二百七十九条** 业主不得违反法律、法规以及管理规约，将住宅改变为经营性用房。业主将住宅改变为经营性用房的，除遵守法律、法规以及管理规约外，应当经有利害关系的业主一致同意。

**《最高人民法院关于审理建筑物区分所有权纠纷案件适用法律若干问题的解释》**

**第十条** 业主将住宅改变为经营性用房，未依据民法典第二百七十九条的规定经有利害关系的业主一致同意,有利害关系的业主请求排除妨害、消除危险、恢复原状或者赔偿损失的,人民法院应予支持。

将住宅改变为经营性用房的业主以多数有利害关系的业主同意其行为进行抗辩的,人民法院不予支持。

**《最高人民法院关于审理物业服务纠纷案件适用法律若干问题的解释》**

**第一条** 业主违反物业服务合同或者法律、法规、管理规约,实施妨碍物业服务与管理的行为,物业服务人请求业主承担停止侵害、排除妨碍、恢复原状等相应民事责任的,人民法院应予支持。

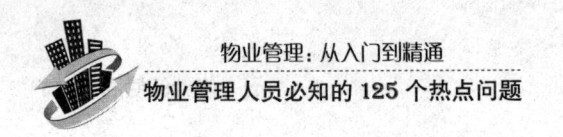

## 70. 业主在小区内摔伤，物业公司应当承担责任吗？

### 现实案例

某日下午6点左右，业主于某出门走到小区单元门口时不慎摔倒，右手着地受伤。于某摔倒处位于小区住宅墙角，常年湿滑。当日，于某自行到医院门诊检查治疗，花费医药费886.8元。医院门诊病历记录原告伤情为："外伤致右腕关节肿痛，活动受限半小时，查体：神清，右腕关节肿胀畸形，压痛，活动受限，肢末端血运可，稍麻木。诊断：右桡骨远端骨折。"经于某自行委托，某司法鉴定中心作出《司法鉴定意见书》，评定于某因外伤致右桡骨远端骨折，其误工期为120日、护理期为60日、营养期为90日。于某与物业公司就损失赔偿协商未果后，提起诉讼，要求物业公司承担全部责任。物业公司辩称：于某对自己摔伤的损害后果应当承担主要责任。最终，法院酌情认定物业公司对于某摔伤所造成的损失承担30%的赔偿责任，于某自己承担70%的责任。

### 专家解答

这是一起物业管理区域内业主摔伤引发的健康权纠纷。焦点问题是业主于某摔伤的后果由谁承担赔偿责任，物业公司有无责任。

依据《民法典》《物业管理条例》的相关规定，物业公司对业主负有安全保障义务。如未依法尽到安全保障义务，造成业主人身损害的，应当按过错程度，承担相应的赔偿责任。本案中，于某摔倒处位于小区住宅墙角，常年湿滑。这属于明显的安全隐患，但是物业公司既未清理，也未在该区域设置安全警示标识，致使于某经过该路段时摔伤，未尽到安全保障义务，存在过错，应对于某的损害后果承担一定责任。

另按法律规定，如果被侵权人也有过错的，可以减轻侵权人的责任。于某作为完全民事行为能力人，又是事发地小区的业主，对事发地情况较为熟悉，理应对自身行走过程中的安全负责，尤其是明知事发地路面湿滑，其对自身安全保护未尽到谨慎注意义务，应对自身损伤后果承担主要责任。

## 法条链接

《中华人民共和国民法典》

第一千一百六十五条第一款　　行为人因过错侵害他人民事权益造成损害的，应当承担侵权责任。

第一千一百七十三条　　被侵权人对同一损害的发生或者扩大有过错的，可以减轻侵权人的责任。

第一千一百九十八条　　宾馆、商场、银行、车站、机场、体育场馆、娱乐场所等经营场所、公共场所的经营者、管理者或者群众性活动的组织者，未尽到安全保障义务，造成他人损害的，应当承担侵权责任。

因第三人的行为造成他人损害的，由第三人承担侵权责任；经营者、管理者或者组织者未尽到安全保障义务的，承担相应的补充责任。经营者、管理者或者组织者承担补充责任后，可以向第三人

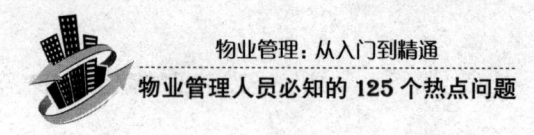

追偿。

《物业管理条例》

**第四十六条** 物业服务企业应当协助做好物业管理区域内的安全防范工作。发生安全事故时,物业服务企业在采取应急措施的同时,应当及时向有关行政管理部门报告,协助做好救助工作。

物业服务企业雇请保安人员的,应当遵守国家有关规定。保安人员在维护物业管理区域内的公共秩序时,应当履行职责,不得侵害公民的合法权益。

## 71. 小区路灯电费应由业主另外缴纳吗？

**现实案例**

徐某是某小区3号楼2单元302室的业主，其房屋建筑面积为115.64平方米。物业公司与小区业主委员会签订物业服务合同，约定：物业服务费由物业公司按房屋建筑面积0.25元/平方米·月，分别于每年1月1日至5日、7月1日至5日前按照半年一次性向业主或物业使用人收取。其中，第四款第二项约定，物业服务支出包括物业共用部位、共用设施设备的日常运行、维护费用。因徐某欠缴相关费用，物业公司将徐某诉至法院，请求法院判令徐某向物业公司支付物业服务费若干元、路灯电费131.54元。业主徐某不同意支付路灯电费。关于路灯电费，物业公司认为路灯是小区全体业主所有，小区业主委员会为物业公司出具的关于路灯电费的证明，确认了路灯电费由小区业主承担。法院判决驳回了物业公司要求徐某支付路灯电费的诉请。小区路灯电费应由业主在物业费之外另行缴纳吗？

**专家解答**

如无合同特别约定，不应要求业主在缴纳物业费之外，另行缴纳路灯电费。

路灯作为配套共用设施，由物业公司进行日常维护和管理，费用来源于业主缴纳的物业费。换言之，物业费中已包含物业共用部

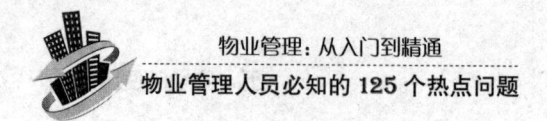

位、共用设施的日常运行、维护费用，小区路灯属于小区内共用设施的范畴，路灯电费应属于共用设施的日常运行费用的一部分。物业服务合同中如未进行单独约定，物业公司则无权向业主另行收取小区路灯电费。

### 法条链接

《中华人民共和国民法典》

**第九百三十八条** 物业服务合同的内容一般包括服务事项、服务质量、服务费用的标准和收取办法、维修资金的使用、服务用房的管理和使用、服务期限、服务交接等条款。

物业服务人公开作出的有利于业主的服务承诺，为物业服务合同的组成部分。

物业服务合同应当采用书面形式。

## 72. 物业公司可以出租物业管理用房获利吗？

**现实案例**

某小区物业公司将小区内的物业管理用房自行出租给了他人，收取租金，其中自2020年4月1日起至2022年3月31日止的两年租赁期内，物业公司共收取租金8000元。业主委员会与物业公司交涉：一是立即停止侵权行为；二是要求物业公司返还租金收入。双方协商未果，该小区于2022年8月间，召开业主大会会议，业主大会授权业主委员会起诉被告物业公司返还本案所涉的租金收入。小区业主委员会遂将物业公司诉至法院，认为物业公司没有经过业主同意就擅自出租，所得收入为不当得利，请求法院判决物业公司返还租金收入8000元。物业公司不同意业主委员会的诉讼请求。法院最终判决，物业公司返还业主委员会不当得利租金收入8000元。

**专家解答**

依据《物业管理条例》的规定，开发商应当按照规定在物业管理区域内配置必要的物业管理用房。物业管理用房的所有权依法属于全体业主。物业公司未经业主同意擅自将物业管理用房出租获取收益，按照《民法典》的规定，应当将收入扣除合理成本之后，返还全体业主。对于成本的合理性，物业公司承担举证责任。物业公司无证据证明存在合理成本的，极有可能将被判全额返还相关收入。

### 法条链接

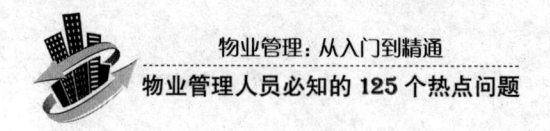

**《中华人民共和国民法典》**

第二百八十二条 建设单位、物业服务企业或者其他管理人等利用业主的共有部分产生的收入，在扣除合理成本之后，属于业主共有。

**《物业管理条例》**

第三十条 建设单位应当按照规定在物业管理区域内配置必要的物业管理用房。

第三十七条 物业管理用房的所有权依法属于业主。未经业主大会同意，物业服务企业不得改变物业管理用房的用途。

五、物业的使用与维护

## 73. 物业公司能否利用人防工程取得收益？

**现实案例**

某商品房小区业主委员会与某物业公司签订了期限为1年的物业服务合同。在小区业主委员会并未允许的情况下，物业公司从区民防局取得了期限为5年的人防工程使用证，获准使用该小区人防工程做汽车库。但物业公司仅将人防工程的一少部分用作地下车库，其余部分物业公司又出租给了一家承包公司，由承包公司改造后对外出租。其中1号楼地下人防工程大片空间已被改造成了一个个的小隔间，每间面积4平方米至6平方米，用于出租住人。小区业主委员会将区民防局告上法庭，认为人防工程属于全体业主共有，区民防局向物业公司发放人防工程使用证的行为违法，请求法院予以撤销。同时，小区业主委员会还将物业公司告上法庭，请求法院判令物业公司停止侵害业主权益，并返还不当得利。本案中，人防工程归谁所有？物业公司能否利用人防工程取得收益？业主的诉求是否合法？

**专家解答**

人防工程的所有权问题目前尚无定论。根据《民法典》第二百五十四条第一款的规定，国防资产属于国家所有。《商品房销售面积计算及公用建筑面积分摊规则（试行）》第九条规定，作为人防工程的地下室也不计入公用建筑面积。可见，人防工程所有权

195

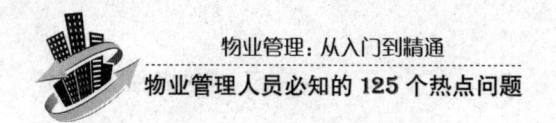

既不属于开发商,也不属于全体业主。

《人民防空法》第五条第二款规定,国家鼓励、支持企业事业组织、社会团体和个人,通过多种途径,投资进行人民防空工程建设;人民防空工程平时由投资者使用管理,收益归投资者所有。第二十六条规定,国家鼓励平时利用人民防空工程为经济建设和人民生活服务。平时利用人民防空工程,不得影响其防空效能。可见,人防工程有两种用途,即在战时作为防空设施,在平时作为民用。平时民用,即通过民防局向投资者或者使用人审批颁发人防工程使用证的形式,授权使用,并获得收益。

本案中,区民防局将人防工程使用证颁发给了物业公司,因此物业公司可以依法取得相关收益,但具体用途应根据人防工程使用证载明的用途确定,如果用途仅限于汽车库则不能用于出租住人。

## 法条链接

**《中华人民共和国人民防空法》**

**第五条第二款** 国家鼓励、支持企业事业组织、社会团体和个人,通过多种途径,投资进行人民防空工程建设;人民防空工程平时由投资者使用管理,收益归投资者所有。

**第二十五条** 人民防空主管部门对人民防空工程的维护管理进行监督检查。

公用的人民防空工程的维护管理由人民防空主管部门负责。

有关单位应当按照国家规定对已经修建或者使用的人民防空工程进行维护管理,使其保持良好使用状态。

**第二十六条** 国家鼓励平时利用人民防空工程为经济建设和人

民生活服务。平时利用人民防空工程，不得影响其防空效能。

《中华人民共和国民法典》

**第二百五十四条第一款** 国防资产属于国家所有。

《商品房销售面积计算及公用建筑面积分摊规则（试行）》

**第九条** 公用建筑面积计算原则

凡已作为独立使用空间销售或出租的地下室、车棚等，不应计入公用建筑面积部分。作为人防工程的地下室也不计入公用建筑面积。

公用建筑面积按以下方法计算：

整栋建筑物的建筑面积扣除整栋建筑物各套（单元）套内建筑面积之和，并扣除已作为独立使用空间销售或出租的地下室、车棚及人防工程等建筑面积，即为整栋建筑物的公用建筑面积。

# 六、装饰装修管理

## 74. 业主装修房屋时，是否应当与物业公司签订装修管理服务协议？

### 现实案例

业主史女士刚购买了一套房屋，准备近期装修。但听邻居说，装修需要与物业公司签订装修管理服务协议，并需缴纳200元的装修垃圾处理费和1000元的押金，史女士认为物业公司的这种要求不合理，便决定直接装修，不跟物业公司签协议。装修开始的第二天，物业公司巡查时发现了业主史女士家正在装修，但并未与其签订装修管理服务协议。于是，物业公司与史女士交涉，要求史女士到物业服务中心办理备案，并签订装修管理服务协议。史女士称："装修属于个人的事情，现在你们公司也已经知道我装修了，没必要再到物业服务中心签协议备案。你们要求签协议不就是想要钱吗？我的装修垃圾自己清运，不用你们清运。"本案中，史女士是否可以不与物业公司签订装修管理服务协议？

### 专家解答

按照《住宅室内装饰装修管理办法》的规定，史女士应当与物业公司签订装修管理服务协议。在住宅室内装饰装修工程开工前，业主应当向物业公司申报登记。因为装饰装修管理属于一项重要的物业管理服务内容，物业公司需要告知业主在装修过程中的禁止行为和注意事项，双方还要就史女士提到的垃圾清运等事项进行约定。

## 六、装饰装修管理

理论上，业主可自行清理装修垃圾，因此无须向物业公司缴纳垃圾清运费。但是，业主自行清运装修垃圾并不现实，尤其在大城市，都要定点投放到垃圾收集点，业主并不知悉将建筑垃圾投放到何处。因此实践中发现，承诺自行清运建筑垃圾的业主，经常直接把垃圾倒进小区的生活垃圾桶。实际上，生活垃圾与装修垃圾应当分开。即便业主具备自行清运建筑垃圾的条件，也应当与物业公司签订装修管理服务协议，将相关问题及违约责任约定清楚。从内容上看，装修管理服务协议一般包括：装修工程内容、工程期限、允许施工的时间、废弃物的清运与处置、住宅外立面设施及防盗窗的安装要求、禁止行为和注意事项、管理服务费用及违约责任等。

装修押金是一种业主交给物业公司的金钱担保，在业主适当履行装修管理服务协议后，即业主装修符合协议约定，不存在拆改承重墙等禁止行为时，物业公司应将押金返还业主。

### 法条链接

**《住宅室内装饰装修管理办法》**

**第十三条第一款** 装修人在住宅室内装饰装修工程开工前，应当向物业管理企业或者房屋管理机构（以下简称物业管理单位）申报登记。

**第十四条** 申报登记应当提交下列材料：

（一）房屋所有权证（或者证明其合法权益的有效凭证）；

（二）申请人身份证件；

（三）装饰装修方案；

（四）变动建筑主体或者承重结构的，需提交原设计单位或者

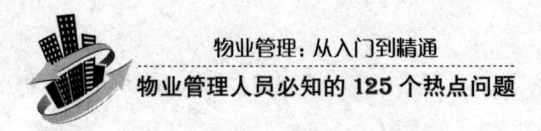

具有相应资质等级的设计单位提出的设计方案；

（五）涉及本办法第六条行为的，需提交有关部门的批准文件，涉及本办法第七条、第八条行为的，需提交设计方案或者施工方案；

（六）委托装饰装修企业施工的，需提供该企业相关资质证书的复印件。

非业主的住宅使用人，还需提供业主同意装饰装修的书面证明。

**第十五条** 物业管理单位应当将住宅室内装饰装修工程的禁止行为和注意事项告知装修人和装修人委托的装饰装修企业。

装修人对住宅进行装饰装修前，应当告知邻里。

**第十六条** 装修人，或者装修人和装饰装修企业，应当与物业管理单位签订住宅室内装饰装修管理服务协议。

住宅室内装饰装修管理服务协议应当包括下列内容：

（一）装饰装修工程的实施内容；

（二）装饰装修工程的实施期限；

（三）允许施工的时间；

（四）废弃物的清运与处置；

（五）住宅外立面设施及防盗窗的安装要求；

（六）禁止行为和注意事项；

（七）管理服务费用；

（八）违约责任；

（九）其他需要约定的事项。

六、装饰装修管理

## 75. 物业公司迟延为业主办理装修手续，应否赔偿业主损失？

### 现实案例

白某购买了一套二手房。白某与前业主、中介公司办理完房屋买卖手续后，到物业公司办理装饰装修手续。物业公司工作人员以房屋前业主拖欠物业费为由，拒绝为白某办理装修手续。后来房屋前业主与物业公司达成协议，物业公司才为白某办理了装修手续。而白某购买这套房屋主要用于经营，因物业公司迟延办理装饰装修手续导致白某迟延入住40天，白某请求法院判令物业公司赔偿其损失4万元。白某向法院提供了物业公司工作人员出具的证明，该证明显示物业公司未给白某办理装修手续确系因前业主欠费。物业公司认为，迟延办理装修手续是因为根据开发商及公司规定，业主对房屋进行装修需提交装修公司营业执照、资质证明、装修说明及图纸等审批材料，而业主并未提供上述材料。法院认为，业主的请求具有合理性，但主张的损失数额依据不足，结合案件实际情况，最终判决物业公司赔偿白某1万元。本案中，物业公司应否承担白某因迟延入住遭受的损失？

### 专家解答

业主装修前应当向物业公司申报登记。物业公司也有义务为业主办理装饰装修手续。在装饰装修过程中，业主与物业公司都负

203

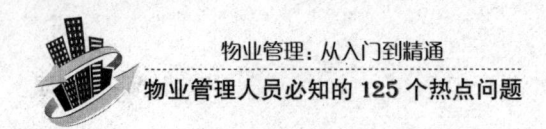

有一定义务。业主在申报登记时，应当提交以下材料：房屋所有权证（或者证明其合法权益的有效凭证）；申请人身份证件；装饰装修方案；变动建筑主体或者承重结构的，需提交原设计单位或者具有相应资质等级的设计单位提出的设计方案；委托装饰装修企业施工的，需提供该企业相关资质证书的复印件。

本案中，物业公司认为，因业主没有按照规定提供装修公司营业执照及资质证明等材料，才迟延给其办理装修许可证。但实际上，物业公司与前业主达成协议后，就为白某办理了装修手续，可见，物业公司在业主未提供上述材料的情况下也可以为业主办理装修手续。

而且，白某向法院提交了物业公司不为其办理装修手续的理由方面的证据：物业公司工作人员出具的证明，该证明显示物业公司未给白某办理装修手续确系因前业主欠费。如无特别约定，二手房交易应以房屋所有权转移作为物业费分担的时间节点，房屋所有权转移前的物业费由原权利人负担，房屋所有权转移后的费用由现权利人负担。物业公司因前业主欠费而不为现业主办理装修手续缺乏依据。

因此，物业公司的辩解理由不能成立，确属物业公司方面的原因导致了业主装修迟延。所以，物业公司应当承担赔偿责任。

当然，如果业主在申报登记时没有向物业公司提交应当提交的材料，物业公司有权拒绝办理相关手续。由此造成的损失，物业公司不承担责任。

### 法条链接

**《住宅室内装饰装修管理办法》**

**第十三条** 装修人在住宅室内装饰装修工程开工前，应当向物业管理企业或者房屋管理机构（以下简称物业管理单位）申报登记。

非业主的住宅使用人对住宅室内进行装饰装修，应当取得业主的书面同意。

**第十四条** 申报登记应当提交下列材料：

（一）房屋所有权证（或者证明其合法权益的有效凭证）；

（二）申请人身份证件；

（三）装饰装修方案；

（四）变动建筑主体或者承重结构的，需提交原设计单位或者具有相应资质等级的设计单位提出的设计方案；

（五）涉及本办法第六条行为的，需提交有关部门的批准文件，涉及本办法第七条、第八条行为的，需提交设计方案或者施工方案；

（六）委托装饰装修企业施工的，需提供该企业相关资质证书的复印件。

非业主的住宅使用人，还需提供业主同意装饰装修的书面证明。

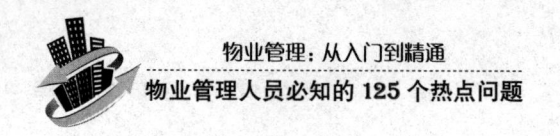

## 76. 物业公司有权收取装修管理服务费、装修押金吗？

### 现实案例

戚先生购买了某大厦的一栋房屋，并签名确认同意接受前期物业服务单位拟定的物业合同、物业管理公约、业主手册、装修管理规定及收费标准。同年9月，戚先生从物业公司处签收了《××大厦二次装修手册》(以下简称装修手册)、《××大厦临时管理规约》(以下简称管理规约)、《××办公/商铺业主/用户手册》(以下简称用户手册)、《有偿服务收费标准（一）、（二）》等。根据用户手册第3.5.1条规定，装修保证金每平方米50元，按建筑面积计算；装修管理服务费每平方米25元，按建筑面积计算（包括审图费、现场管理费等）；线槽井道占用管理费每根8000元，在施工前由业主一次性交付于本物业管理处，且不获退还。用户手册第3.4.5条规定，施工完毕后装修单位申报竣工：提供消防质监部门的验收证明，递交竣工图、各批文及其他竣工资料等。用户手册第3.4.6条规定，业主装修工程经管理处验收合格后，将获管理处签发之"装修工程竣工证明书"，而业主将此证明向管理处申请发还装修保证金。用户手册第3.5.2条规定，装修工程竣工后，所有装修废料清理完毕，且对大厦公共设施/设备未造成任何破坏，则装修保证金将于大厦管理处验收后30天内无息退还；如装修保证金不足弥补以上损失，则管理处保留向业主追偿不足部分金额之权利，装修管理服务费一概不予退还。在装修手册二次装修流程表中，退装修押

## 六、装饰装修管理

金的主要环节为：业主装修工程验收合格及相关手续完备，管理处将把全部资料转交财务部处理，等候通知。戚先生入住后，支付装修押金（即装修保证金）40000元、装修管理服务费20354.63元、线槽井道占用管理费8000元。

戚先生装修完成后，向物业公司提出返还装修管理服务费、装修押金等款项时，遭到拒绝。物业公司的理由是，戚先生在装修过程中，多次违反装修规定和约定，物业公司共向施工人员发出了23份安全隐患整改通知书，并提出17层强电间被人损坏（物业公司出示了现场确认书），施工人员擅自损坏大厦设施、设备。追索款项无果后，戚先生将物业公司诉至法院，认为物业公司无权收取并霸占业主超额的费用，属于乱收费，要求物业公司返还已收的装修管理费20354.63元、装修押金40000元、线槽井道占用管理费8000元，共计68354.63元。在法庭上，物业公司提交了23份安全隐患整改通知书、电梯厅大理石有四处被割换等4份违章通知、戚先生施工现场以及部分现场照片影印件等；部分整改通知书和违章通知单由戚先生现场施工负责人签名确认、部分整改通知书遭施工人员拒签的证据。

本案中，物业公司是否有权收取戚先生的装修管理服务费和装修押金？装修管理服务费和装修押金应当如何收取和返还？

### 专家解答

目前，装修管理服务费和装修押金的收取标准并无明确规定，一般通过业主（装修人）与物业公司之间的合同约定进行收取和返还。装修押金也称作装修保证金。按照《住宅室内装饰装修管理办法》的规定，装修人，或者装修人和装饰装修企业，应当与物业管

207

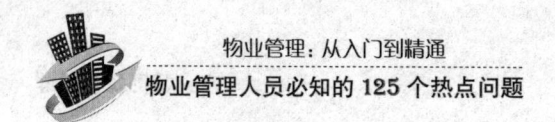

理单位签订住宅室内装饰装修管理服务协议。住宅室内装饰装修管理服务协议应当包括管理服务费用、违约责任等事项。

本案中，戚先生买房时签署文件承诺接受物业合同、物业管理公约、业主手册、装修管理规定及收费标准，之后签收了装修手册、管理规约、用户手册、《有偿服务收费标准（一）、（二）》等。其中，根据用户手册第3.5.1条，装修保证金每平方米50元，按建筑面积计算；装修管理服务费每平方米25元，按建筑面积计算（包括审图费、现场管理费等）。戚先生在装修过程中出现的安全隐患，物业公司出具整改通知书23份；物业公司还提供了戚先生施工现场17层强电间被人损坏的现场确认书，电梯厅大理石有四处被割换等4份违章通知以及部分现场照片影印件等；部分整改通知书和违章通知单由戚先生现场施工负责人签名确认、部分整改通知书遭施工人员拒签的证据。上述事实证明，物业公司实际上也进行了装修管理服务。所以，物业公司收取戚先生的装修管理服务费有法律依据，也有合同约定。因此，戚先生要求返还装修管理服务费的诉讼请求缺乏依据。

关于装修押金问题，值得注意的是，用户手册第3.4.5条规定，施工完毕后装修单位申报竣工：提供消防质监部门的验收证明，递交竣工图，各批文及其他竣工资料等。对于家装，目前一般都是业主和物业公司参与消防、质检验收，而政府相关部门不参与。物业公司以相关部门验收作为退还装修押金的条件是没有根据的。因此，物业公司应当返还业主的装修押金。

需要注意的是，北京市已自2023年8月起不允许再就住宅物业项目收取或者变相收取住宅室内装饰装修管理服务费、住宅室内装饰装修保证金（含装修押金）。

## 六、装饰装修管理

### 法条链接

**《住宅室内装饰装修管理办法》**

**第十五条** 物业管理单位应当将住宅室内装饰装修工程的禁止行为和注意事项告知装修人和装修人委托的装饰装修企业。

装修人对住宅进行装饰装修前,应当告知邻里。

**第十六条** 装修人,或者装修人和装饰装修企业,应当与物业管理单位签订住宅室内装饰装修管理服务协议。

住宅室内装饰装修管理服务协议应当包括下列内容:

……

(七)管理服务费用;

……

**第十七条** 物业管理单位应当按照住宅室内装饰装修管理服务协议实施管理,发现装修人或者装饰装修企业有本办法第五条行为的,或者未经有关部门批准实施本办法第六条所列行为的,或者有违反本办法第七条、第八条、第九条规定行为的,应当立即制止;已造成事实后果或者拒不改正的,应当及时报告有关部门依法处理。对装修人或者装饰装修企业违反住宅室内装饰装修管理服务协议的,追究违约责任。

**《北京市住房和城乡建设委员会关于进一步规范住宅物业管理项目生活垃圾和住宅室内装饰装修相关收费的通知》**

三、住宅物业管理项目的物业服务人不得向业主或者物业使用人收取或者变相收取住宅室内装饰装修管理服务费。

四、住宅物业管理项目的物业服务人不得向业主或者物业使用人收取或者变相收取住宅室内装饰装修保证金(含装修押金)。

## 77. 装修垃圾管理不当，物业公司应负何种责任？

### 现实案例

李某、刘某（均为未成年人），在小区健身场所旁边玩耍时，刘某捡了他人扔在垃圾箱旁边的装修木板当飞镖玩耍，不慎刺伤了李某的右眼。李某受伤后，先后在中心医院等医院住院19天，司法鉴定中心对李某的伤情进行了鉴定，认定右眼损伤程度已构成六级伤残。李某的经济损失经审查认定为，医药费、陪护费、伤残补助费等各项费用合计139889.26元。李某家属要求刘某、物业公司承担责任。物业公司认为，业主和装修公司没有按规定投放装修垃圾，装修公司有责任；刘某直接刺伤了李某应当负主要责任。因协商无果，李某将刘某、物业公司诉至法院，要求赔偿。后经查明，业主在装修前与物业公司签订了房屋装饰装修管理服务协议，约定业主、装修人、装修公司向物业公司按照每个单元300元或600元的标准缴纳垃圾清运费，物业公司负责统一收集并运送垃圾。法院审理后，判决刘某的法定代理人承担70%的赔偿责任，物业公司承担30%的赔偿责任。

本案中，应当由谁承担赔偿责任？

### 专家解答

毫无疑问，刘某系直接侵害人，应当承担责任。由于被告刘某

## 六、装饰装修管理

系未成年人,赔偿责任应由其法定代理人承担。物业公司作为物业服务单位,依法负有清运垃圾的义务,但却未及时清运垃圾箱旁边的装修木板,以致其成为李某、刘某玩耍时的危险物品。

物业公司根据物业服务合同约定负有对其物业管理区域内的房屋、配套设备和相关场地进行维修、养护、管理的义务,应做好物业管理区域内的安全防范工作。物业公司收取垃圾清运费,对小区内的建筑垃圾应履行及时清理的义务,且其在安全巡查力度、安全隐患提醒方面均应做到全面考虑。本案中,物业公司未及时将垃圾清理至垃圾箱内,以致刘某用其当飞镖玩耍,服务不到位,物业公司的行为与李某受伤之间存在因果关系,因此物业公司应当承担一定的赔偿责任。物业公司认为,装修木板是业主和装修公司没有按规定投放装修垃圾,装修公司应当承担责任。实际上,这一抗辩理由是不成立的,除了上述物业公司为管理单位,负有管理责任之外,物业公司与业主签订的房屋装饰装修管理服务协议,也已经约定物业公司负有收集和运送装修垃圾的义务。

### 法条链接

**《中华人民共和国民法典》**

**第一千一百七十一条** 二人以上分别实施侵权行为造成同一损害,每个人的侵权行为都足以造成全部损害的,行为人承担连带责任。

**第一千一百七十二条** 二人以上分别实施侵权行为造成同一损害,能够确定责任大小的,各自承担相应的责任;难以确定责任大小的,平均承担责任。

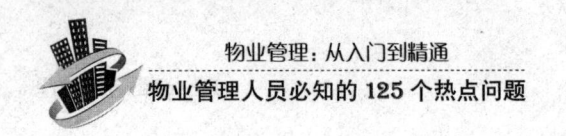

## 78. 物业公司交错钥匙，业主家被邻居装修，谁应当负担这部分装修费用？

### 现实案例

张女士购买了某小区1号楼甲单元502室的一套商品房。交房时，开发商委托物业公司向业主发放钥匙。4月7日，张女士去小区物业处拿钥匙时，物业公司将"502"号房钥匙交给张女士，张女士持"502"号房钥匙找到"502"号房。此后，张女士便对该房进行了水电改造、安装地板等装修。6月15日，业主魏先生也到小区物业处领取钥匙，此时，物业公司才发现交错了钥匙，原因是在甲单元5楼三套房装门后，标签贴错了，导致501号房与502号房对调，以致发生上述错误。

事情发生后，张女士便停止了装修，但就已装修部分及定做的室内门、橱柜等损失，其多次与开发商、物业公司协商未果。业主魏先生表示张女士已装修部分可部分留用。那么，张女士的装修费用应当由谁承担，是张女士、开发商、物业公司，还是魏先生？

### 专家解答

交付房屋本应属于开发商的义务，而开发商在要交付房屋时，将交付义务委托给了物业公司，而且由于物业公司工作中的重大过错把张女士与魏先生的房屋门牌号贴反，导致交付房屋钥匙时错把魏先生的房子交付给了张女士。因此，物业公司应负全部赔偿责任，

六、装饰装修管理

开发商也存在过错，应承担连带赔偿责任。魏先生作为第三人在本案中无过错，但就张女士已装修可留用部分其作为实际受益人，应给予适当补偿。

## 法条链接

《中华人民共和国民法典》

**第一千一百六十五条第一款** 行为人因过错侵害他人民事权益造成损害的，应当承担侵权责任。

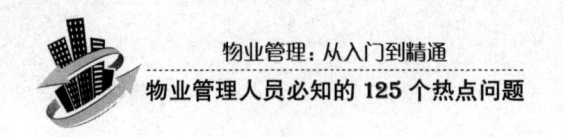

# 79. 对别墅装修与普通住宅装修的要求是否有区别？

### 现实案例

某高档别墅小区环境优美，自 2010 年入住以来，部分业主在装修过程中扩建露台，有的甚至给别墅加层。8 号业主在车库顶上搭建了 30 平方米的钢结构玻璃阳光房；12 号业主正对自家车库进行加层 2 米施工，计划扩建成约 150 平方米的房间；13 号业主在自家后院搭建了一个阳光房。物业曾去阻止，结果前后有 2 名保安在与业主交涉过程中发生冲突。13 号业主表示想不通："房子是我自己的，院子也是我自己的，我住的不是筒子楼，也不是公寓，想在自己别墅的院子里盖个阳光房，一不影响和侵害其他业主的权益，二没有破坏公共区域和环境。这都不行，哪有这个道理？"于是有业主跟风，每次物业制止时都以"别的业主也在扩建"为由拒绝停止扩建。别墅小区业主装修乱象已影响了小区的整体格局，并干扰其他业主的正常生活。

对独栋别墅业主装修管理和对普通住宅小区业主装修管理是否有不同？业主认为其改造扩建等装修行为不影响其他业主和公共利益的理由是否成立？

### 专家解答

目前法律法规对别墅业主和普通住宅小区业主在装修房屋问题

### 六、装饰装修管理

上并未区别看待，要求是一样的。别墅小区与普通住宅小区所不同的，仅是在对共有部分和专有部分的界定不一致，如别墅区一般都有小院子，但是这个院子里一般都属于专有部分而不属于共有部分。别墅业主在自己院子里，包括房屋或土地上进行装修虽然是对自己专有部分的装修，但是仍然要遵守相关法律规定，包括《城乡规划法》《住宅室内装饰装修管理办法》等。

如果别墅业主存在私搭乱建现象，物业公司有义务劝说、制止，可以向业主发出《限期整改通知书》，同时应向规划、城管、街道等相关部门报告，相关部门视情况将发出《责令整改通知书》《责令停止建设、限期拆除违法建筑决定书》《限期拆除违法建筑催告单》《强制拆除正在搭建的违法建筑决定书》等；也可以通过在《装修服务协议》《临时管理规约》《管理规约》上对违法建设行为及后果进行约定。这样除法律规定外，又多了一个制止违法搭建业主的依据。

需要注意的是，物业公司在履行相关职责时，应尽量避免与业主发生直接正面冲突，业主当面拒收相关文书的，可通过寄送EMS并留存证据，同时及时向相关部门报告，由有权机关进行制止或强拆。

### 法条链接

**《住宅室内装饰装修管理办法》**

**第六条** 装修人从事住宅室内装饰装修活动，未经批准，不得有下列行为：

（一）搭建建筑物、构筑物；

215

……

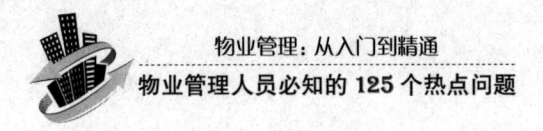

本条所列第（一）项、第（二）项行为，应当经城市规划行政主管部门批准；第（三）项行为，应当经供暖管理单位批准；第（四）项行为应当经燃气管理单位批准。

# 七、停车管理问题

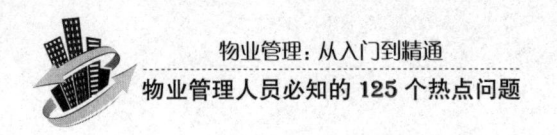

## 80. 商品房小区地面停车位归谁所有？

### 现实案例

某商品房小区没有成立业主委员会，物业公司从小区建成开始提供服务至今，小区的车位都是物业自行在道路两侧或一侧施划的，并且与部分业主签了停车位租赁协议。一开始，业主停车需求还不是很大，所以矛盾就没有暴露出来，渐渐地，越来越多的业主都买了车，车位就有点捉襟见肘了。没有车位的业主提出要将车位流动起来，让所有有车的业主都有权利停车。但原先有车位的业主就不干了。两边的业主时常发生纠纷。也有业主开始质疑物业公司到底有没有权利出租车位，收取业主的停车费。

### 专家解答

首先看看现在的法律规定。

《民法典》第二百七十五条规定，"建筑区划内，规划用于停放汽车的车位、车库的归属，由当事人通过出售、附赠或者出租等方式约定。占用业主共有的道路或者其他场地用于停放汽车的车位，属于业主共有。"《最高人民法院关于审理建筑物区分所有权纠纷案件适用法律若干问题的解释》第六条规定，"建筑区划内在规划用于停放汽车的车位之外，占用业主共有道路或者其他场地增设的车位，应当认定为民法典第二百七十五条第二款所称的车位"。

根据上述规定，我们可以将地面车位简单分为两大类：第一类

## 七、停车管理问题

是"规划内的车位",第二类是"规划之外占用共有部分的车位"。

我们先来讨论第二类"规划之外占用共有部分的车位",这一类是相对争议不大的。如果查阅规划图纸资料,发现有一部分车位,实际上按规划许可或用途并不是车位,而是道路、公共绿地等,那么像这样的车位就属于第二类的车位,属于业主共有,而不属于开发商。开发商、物业公司都没有权利决定如何管理、使用、收费,不能自行决定将其"出租"给一部分业主。物业公司只有在经过业主共同决定授权后,才取得"停车管理"或"停车服务"的权利。这部分车位的使用管理事项应由全体业主共同决定。

当然,有的开发商在与业主签商品房销售合同时,就提前约定好,对于那些本不属于自己的车位,由开发商享有这样那样的权利,甚至直接约定归开发商所有,有的授权给前期物业服务单位对外出租等。这样能改变权属吗?不能。本来就属于业主共有的设施、场地,是不能通过双方的这种约定来改变权属的。业主委员会可以起诉要求相关当事人移交车位、返还收益。

然后,再讨论第一类"规划内的车位",即通过规划建设、经过竣工验收的地面/露天停车位。对这类车位的权属,不论在理论层面还是司法实践中争议都较大。主要有两种观点,一种观点认为,开发商有所有权,从法律规定的文义来看,也是这样的。另一种观点认为,如果这类车位不能办理产权登记,不能被认定为专有部分,就属于业主共有的。反之,如果能够办理产权登记,可以被认定为专有部分,就承认开发商对这部分车位的权属。这种情况下,开发商可以卖、可以赠、可以租,也就是说,开发商可以处分,如果选择不卖,开发商是有所有权的。从不同角度理解,都有其道理所在。

总之,小区地面停车位的权属历来是车位纠纷的高发问题。像

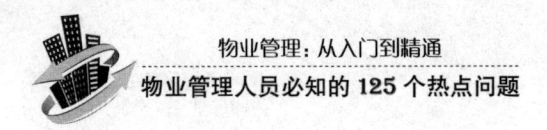

本案小区的车位到底属于哪一类车位以及它的权属如何界定，还需要再调查了解小区相关的规划、分摊、产权登记等情况。

## 法条链接

《中华人民共和国民法典》

第二百七十五条　建筑区划内，规划用于停放汽车的车位、车库的归属，由当事人通过出售、附赠或者出租等方式约定。

占用业主共有的道路或者其他场地用于停放汽车的车位，属于业主共有。

《最高人民法院关于审理建筑物区分所有权纠纷案件适用法律若干问题的解释》

第六条　建筑区划内在规划用于停放汽车的车位之外，占用业主共有道路或者其他场地增设的车位，应当认定为民法典第二百七十五条第二款所称的车位。

七、停车管理问题

## 81. 地下车库能否"只卖不租"?

### 现实案例

徐先生刚买了一辆小轿车,想租个车位用来停放他的小轿车,但在小区一打听,却被告知目前小区内地下车位宁愿空闲,也只卖不租。小区开发商表示:"我们愿意和有车但未购买车位的业主做一些沟通,我们也采取了一些措施来缓解停车问题,但目前地下车位肯定会只卖不租。"地下车位价格不等,一般在20万元以上。徐先生刚买完车,根本负担不起高昂的车位。而一般情况下,租用车位每月租金只要200元到500元。物业公司对业主的解释是,"地下车库产权属于开发商,物业公司无法解决此事!""刚买的新车,却连个停车的地方都没有!"徐先生很苦恼。本案中,地下车库能否"只卖不租"?

### 专家解答

所有权人在法律规定的范围内独占性地支配其所有的财产,所有人对其所有的财产享有占有、使用、收益、处分的权利,并可以排除他人对于其财产违背其意志的干涉。所有权是物权中最完整、最充分的物权。

本案中,开发商对地下车库拥有所有权,其可选择将车位出租或出售,法律并不限定。因此,本案中,地下车库"只卖不租"并不违法。但同时应当看到本案中的地下车库属于规划用于停放汽车

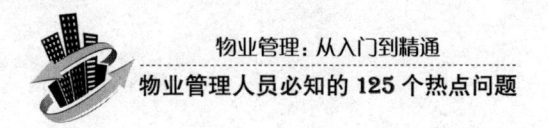

的车库，依法"应当首先满足业主的需要"，开发商不应利用优势地位进行车库"强卖"。而且，法律确定物权也有"物尽其用"的立法目的，业主、业主委员会应当与开发商商讨双方都能接受的方案。

## 法条链接

《中华人民共和国民法典》

**第二百七十五条** 建筑区划内，规划用于停放汽车的车位、车库的归属，由当事人通过出售、附赠或者出租等方式约定。

占用业主共有的道路或者其他场地用于停放汽车的车位，属于业主共有。

**第二百七十六条** 建筑区划内，规划用于停放汽车的车位、车库应当首先满足业主的需要。

## 82. 如何认定小区停车位的管理权？

### 现实案例

开发商委托某物业公司为其开发的小区提供前期物业服务，将该小区地下车库同时委托给物业公司进行经营和管理，包括对全部车位提供停车服务，对开发商拥有产权的车位进行出租、出售并提供停车服务。后来，小区成立了业主委员会。由于对物业公司的服务不满意，业主委员会组织业主解聘了物业公司，并重新选聘A公司作为新的物业服务企业。在物业交接过程中，物业公司拒绝移交地下车库的经营管理权，主要理由是，其受开发商委托进行停车场的经营和管理，大部分车位是开发商的产权车位，所以不应移交。而业主委员会认为，一个物业管理区域只能有一家物业公司，在小区全体业主已经选聘A公司作为新的物业服务企业的情况下，原物业服务公司不再享有管理权。业主委员会与物业公司协商未果，将物业公司诉至法院，请求法院判令物业公司移交地下车库的管理权。最终，法院判令物业公司将地下车库移交业主委员会进行管理。

本案中，大部分车位产权归开发商所有，在开发商将地下车库经营管理权交给物业公司的情况下，发生物业服务企业变更后，原物业服务企业应否移交地下车库的管理权？

### 专家解答

第一，要注意区分地下车库的经营权和管理权，这是两个不

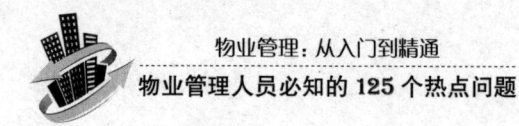

同的概念。经营权，主要表现为对车位进行出租、出售，并获得相应的收益。管理权，主要表现为对地下车库的设施设备进行维护、管理、保养，清洁卫生，维护停车秩序等。两者的性质和内容均不同。

第二，更换物业服务企业后，地下车库的经营权不受影响，原物业服务企业仍可根据开发商的委托进行出租、出售等经营行为。业主委员会、新物业服务企业在内的任何单位、个人均无权干涉。

第三，一个物业管理区域由一个物业服务企业实施物业管理。换句话说，某一物业管理区域内的所有共有、共用的设施、设备、场地，均应由一个物业服务企业进行统一的管理。本案中，虽然地下车库的一部分产权仍归属开发商，但这并不能改变地下车库是小区的配套设施，地下车库不是一个独立的存在，诸多设施、设备、场地与物业管理区域的其他部分相连、共用。因此，在前期物业服务企业接管时，其可能受开发商委托一并承担着地下车库的经营权和管理权。但是，物业服务企业更换后，地下车库的管理权应统一交给新的物业服务企业。

## 法条链接

**《物业管理条例》**

第三十三条 一个物业管理区域由一个物业服务企业实施物业管理。

七、停车管理问题

## 83. 停车位能否出租给其他小区业主使用？

### 现实案例

某小区物业费收缴率很低，为了弥补经费不足，物业公司开始对外出租车位。外来车辆多数是附近小区的业主。如此一来，不但原有的停车位被占用了一部分，就连小区的通道、楼前绿地等，凡有点空地都停了车。业主意见很大："停车这么密集，万一小区里着个火，或者老年人生个急病，消防车、救护车想进都进不来。"此外，每年十几万元的停车费如何分配，业主也有看法。按理说，这笔费用属业主共有，但现在都被物业公司拿去了。保安别的不管，就天天盯着收停车费。物业公司则认为，业主不缴纳物业费，要维持服务只能采取这种方式进行补贴。那么，小区的停车位能否出租给其他小区的业主使用呢？

### 专家解答

从规划看，小区内的地面停车位可能是属于建筑区划内的，也可能是属于建筑区划以外的。如果是属于建筑区划内的停车位，那么就应当首先满足本小区业主的需要。在本小区业主停车需求尚未满足的情况下，不能出租给其他小区的业主。在本小区业主停车需求已经满足的情况下，如尚有富余的停车位，经产权人同意可以将这些富余的停车位出租给其他小区的业主使用。如果属于建筑区划以外的停车位，那么权属属于业主共有，能否出租给

225

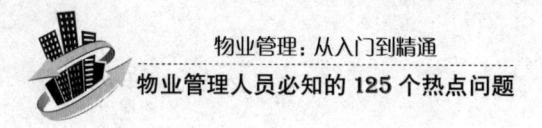

其他小区的业主使用，应当由业主共同决定。

### 法条链接

**《中华人民共和国民法典》**

第二百七十五条　建筑区划内，规划用于停放汽车的车位、车库的归属，由当事人通过出售、附赠或者出租等方式约定。

占用业主共有的道路或者其他场地用于停放汽车的车位，属于业主共有。

第二百七十六条　建筑区划内，规划用于停放汽车的车位、车库应当首先满足业主的需要。

**《最高人民法院关于审理建筑物区分所有权纠纷案件适用法律若干问题的解释》**

第五条　建设单位按照配置比例将车位、车库，以出售、附赠或者出租等方式处分给业主的，应当认定其行为符合民法典第二百七十六条有关"应当首先满足业主的需要"的规定。

前款所称配置比例是指规划确定的建筑区划内规划用于停放汽车的车位、车库与房屋套数的比例。

第六条　建筑区划内在规划用于停放汽车的车位之外，占用业主共有道路或者其他场地增设的车位，应当认定为民法典第二百七十五条第二款所称的车位。

## 84. 物业公司能否将绿地改为停车场？

### 现实案例

某住宅小区现在的停车位很少，小区路面加上地下车库总共只有300个车位。有的业主没地方停车，干脆把车停放在消防通道、公共绿地或大门口处。小区业主经常为停车发生争吵。物业公司无奈，决定直接把公共绿地改为停车场。小区物业公司在没有征得业主同意，也未办理任何手续的情况下，将绿地平整为一块空地，改建成了停车场。部分业主认可物业公司的做法，认为这减少了停车纠纷，业主也不会再将汽车停放在消防通道了，减少了安全隐患。但更多业主表示反对，"物业公司没有公示也没有征求意见是不对的，小区本身配建绿地了，凭什么要把仅有的绿地给占用了？"本案中，物业公司能否将绿地改为停车场？

### 专家解答

本案中，物业公司的行为不合法。

物业管理区域内按照规划建设的公共建筑和共用设施，不得改变用途；改建、重建建筑物及其附属设施应由业主共同决定，业主共同决定前述事项，应当由专有部分面积占比三分之二以上的业主且人数占比三分之二以上的业主参与表决，并应当经参与表决专有部分面积四分之三以上的业主且参与表决人数四分之三以上的业主同意。

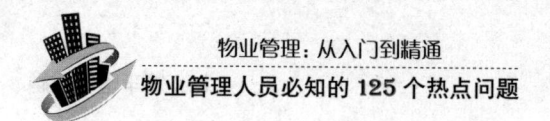

公共绿地属于全体业主共同共有和管理。改变公共绿地应当按上述要求征求业主同意。物业公司在未取得业主同意的情况下，将公共绿地改建成停车场的行为，侵犯了业主对共用设施的共有权。

## 法条链接

**《中华人民共和国民法典》**

第二百七十八条　下列事项由业主共同决定：

（一）制定和修改业主大会议事规则；

（二）制定和修改管理规约；

（三）选举业主委员会或者更换业主委员会成员；

（四）选聘和解聘物业服务企业或者其他管理人；

（五）使用建筑物及其附属设施的维修资金；

（六）筹集建筑物及其附属设施的维修资金；

（七）改建、重建建筑物及其附属设施；

（八）改变共有部分的用途或者利用共有部分从事经营活动；

（九）有关共有和共同管理权利的其他重大事项。

业主共同决定事项，应当由专有部分面积占比三分之二以上的业主且人数占比三分之二以上的业主参与表决。决定前款第六项至第八项规定的事项，应当经参与表决专有部分面积四分之三以上的业主且参与表决人数四分之三以上的业主同意。决定前款其他事项，应当经参与表决专有部分面积过半数的业主且参与表决人数过半数的业主同意。

**《物业管理条例》**

第四十九条　物业管理区域内按照规划建设的公共建筑和共用

设施，不得改变用途。

　　业主依法确需改变公共建筑和共用设施用途的，应当在依法办理有关手续后告知物业服务企业；物业服务企业确需改变公共建筑和共用设施用途的，应当提请业主大会讨论决定同意后，由业主依法办理有关手续。

## 85. 物业公司能否在车位上安装地锁？

### 现实案例

某商品房住宅小区的物业公司受开发商委托为小区提供前期物业服务，其中包括停车管理服务。物业公司在单元楼前画了车位线的地面上，均安装了橘红色的地锁，地锁高高竖立在地面上。一些私家车主由于进不了车位，便将私家车停在单元楼的入口或消防通道上。业主刚入住时，小区停车都是免费的，物业公司安装上地锁后，没有到物业公司租赁地锁的业主，就不能再在原来的停车位上停车了，每天只得提早回来抢占消防通道停车。业主反映很强烈："车位紧张后，物业安装了地锁用来营利，这种行为未免有些太不道德了。"但为了方便停车，有些业主只得到物业公司租赁地锁以方便停车。对此，物业公司的解释是，现在车位上安装地锁，是为了整顿小区车辆乱停乱放的状况。

本案中，物业公司能否在车位上安装地锁出租车位？

### 专家解答

物业公司不能擅自在车位上安装地锁出租车位。

地面停车位是由建设单位依照行政规划建设的附属设施，属于业主共有的土地使用权的范畴，其所有权、管理权和使用权归属于全体业主共同享有。物业公司不享有所有权，未经授权，亦不享有管理权。物业公司在未取得所有权或专属使用权的停车位上设置地锁的行为，不符合法律规定。

## 七、停车管理问题

在一些地方性法规中，明确禁止在停车位私设地锁的行为。例如，《北京市机动车停车条例》第二十六条规定，任何单位和个人不得擅自在道路上和其他公共区域内设置固定或者可移动障碍物阻碍机动车停放和通行；不得在未取得所有权和专属使用权的停车泊位上设置地桩、地锁。物业服务企业应当在物业管理协议和车位租赁协议中予以明示并统一管理。违反前款规定，擅自设置固定或者可移动障碍物的，道路范围内由公安机关交通管理部门责令停止违法行为，迅速恢复交通；实行物业管理的居住小区公共区域内，由住房城乡建设部门依据物业管理的相关规定进行处罚；其他公共场所内，由城市管理综合执法部门责令停止违法行为，恢复原状，并处五百元以上一千元以下罚款。非电动汽车不得占用电动汽车专用泊位。违反规定的，由公安机关交通管理部门责令改正，依法给予处罚。

### 法条链接

**《中华人民共和国民法典》**

第二百七十五条 建筑区划内，规划用于停放汽车的车位、车库的归属，由当事人通过出售、附赠或者出租等方式约定。

占用业主共有的道路或者其他场地用于停放汽车的车位，属于业主共有。

第二百七十八条 下列事项由业主共同决定：

（一）制定和修改业主大会议事规则；

（二）制定和修改管理规约；

（三）选举业主委员会或者更换业主委员会成员；

（四）选聘和解聘物业服务企业或者其他管理人；

（五）使用建筑物及其附属设施的维修资金；

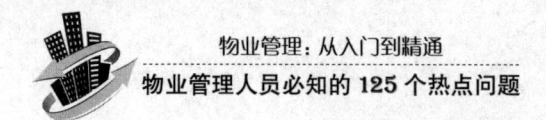

（六）筹集建筑物及其附属设施的维修资金；

（七）改建、重建建筑物及其附属设施；

（八）改变共有部分的用途或者利用共有部分从事经营活动；

（九）有关共有和共同管理权利的其他重大事项。

业主共同决定事项，应当由专有部分面积占比三分之二以上的业主且人数占比三分之二以上的业主参与表决。决定前款第六项至第八项规定的事项，应当经参与表决专有部分面积四分之三以上的业主且参与表决人数四分之三以上的业主同意。决定前款其他事项，应当经参与表决专有部分面积过半数的业主且参与表决人数过半数的业主同意。

**《最高人民法院关于审理建筑物区分所有权纠纷案件适用法律若干问题的解释》**

第三条　除法律、行政法规规定的共有部分外，建筑区划内的以下部分，也应当认定为民法典第二编第六章所称的共有部分：

（一）建筑物的基础、承重结构、外墙、屋顶等基本结构部分，通道、楼梯、大堂等公共通行部分，消防、公共照明等附属设施、设备，避难层、设备层或者设备间等结构部分；

（二）其他不属于业主专有部分，也不属于市政公用部分或者其他权利人所有的场所及设施等。

建筑区划内的土地，依法由业主共同享有建设用地使用权，但属于业主专有的整栋建筑物的规划占地或者城镇公共道路、绿地占地除外。

第六条　建筑区划内在规划用于停放汽车的车位之外，占用业主共有道路或者其他场地增设的车位，应当认定为民法典第二百七十五条第二款所称的车位。

## 七、停车管理问题

《北京市机动车停车条例》

**第二十六条** 任何单位和个人不得擅自在道路上和其他公共区域内设置固定或者可移动障碍物阻碍机动车停放和通行;不得在未取得所有权和专属使用权的停车泊位上设置地桩、地锁。物业服务企业应当在物业管理协议和车位租赁协议中予以明示并统一管理。

违反前款规定,擅自设置固定或者可移动障碍物的,道路范围内由公安机关交通管理部门责令停止违法行为,迅速恢复交通;实行物业管理的居住小区公共区域内,由住房城乡建设部门依据物业管理的相关规定进行处罚;其他公共场所内,由城市管理综合执法部门责令停止违法行为,恢复原状,并处五百元以上一千元以下罚款。

非电动汽车不得占用电动汽车专用泊位。违反规定的,由公安机关交通管理部门责令改正,依法给予处罚。

## 86. 机动车在物业管理区域内被剐蹭，物业公司应否担责？

### 现实案例

业主白女士在小区内租用了一个停车位，将私家车停放在物业公司指定的停车位上，并每月向物业公司按时缴纳停车管理费用。某日，白女士准备开车时，发现停放在停车位的轿车左侧车门被严重划伤，轮胎被扎。白女士向物业公司反映情况，并要求物业公司赔偿其轿车左侧车门深度划伤及轮胎损坏费共计6000元。物业公司认为，其与白女士之间不存在财产保管关系，白女士的车辆系被他人损坏，不应当由物业公司承担赔偿责任。本案中，白女士因车辆损坏产生的相关费用应当由谁承担呢？

### 专家解答

在能够证明业主车辆在小区内受损的情况下，从合同违约责任角度分析，物业公司是否要承担赔偿责任，主要应当看物业服务合同或停车服务合同中关于停车秩序维护义务、车辆划伤方面的约定，以及物业公司履行合同义务的情况。假如存在物业公司未尽到巡查义务、既有的监控设备不能正常工作等情况，一般需承担一定的违约赔偿责任。从侵权责任角度分析，应当由实施划伤、扎胎行为的责任人承担主要责任，物业公司只要尽到了基本的注意义务，就不应当承担赔偿责任。物业公司如未尽到管理和安全保障等义务，应承担相应的赔偿责任。

## 法条链接

**《中华人民共和国民法典》**

第八百八十八条　保管合同是保管人保管寄存人交付的保管物，并返还该物的合同。

寄存人到保管人处从事购物、就餐、住宿等活动，将物品存放在指定场所的，视为保管，但是当事人另有约定或者另有交易习惯的除外。

第八百九十条　保管合同自保管物交付时成立，但是当事人另有约定的除外。

第一千一百六十五条　行为人因过错侵害他人民事权益造成损害的，应当承担侵权责任。

依照法律规定推定行为人有过错，其不能证明自己没有过错的，应当承担侵权责任。

## 87. 物业公司指挥业主操作立体车库导致汽车受损，应否承担赔偿责任？

### 现实案例

某小区启用机械式立体车库，由电脑控制升降，小区的停车管理由小区物业服务企业统一提供。小区业主陈某将私家车驶入停车场，并在停车场管理员的指挥下驶入车位。但是，车辆在车位移动过程中受损，后半部已经严重变形。陈某认为，物业服务企业在车辆沉降至地下时，没有尽到注意义务，导致他的车辆毁损严重。陈某与物业服务企业协商赔偿未果，遂将物业服务企业诉至法院，请求法院判决物业服务企业赔偿其50300元的修车费。物业服务企业认为，车位下沉等操作是由电脑排列组合完成的，停车入位是由陈某自行完成的，由于陈某未将车辆停入恰当位置，才导致车辆损坏。物业服务企业同时认为，其与业主陈某已签订停车服务协议，其中约定"车主应服从停车管理人员的指挥和疏导；停车入位由车主自行完成。如主动要求停车管理人员指挥停车入位，发生事故后果自负"。物业服务企业据此认为其不应当承担赔偿责任。经法院查明，陈某车辆左后轮越过停车板后部低、高两个阻车装置，车辆尾部超出车板面积，因此停车板移动下沉过程中，车的尾下部与地面接触，车辆后顶部与上停车板底部接触，致使车辆后部受挤压变形并损坏。

法院经审理认为，机械停车位比普通地面停车位复杂，物业服务企业作为停车场管理单位应提供指导陈某停车入位的服务，而不

## 七、停车管理问题

仅仅是提供疏导、巡视服务。因此，物业服务企业在格式合同中要求陈某自行停车入位，并约定如果指导停车则后果自负，属于加重陈某的负担、排除物业服务企业义务的约定，应属无效。法院同时认为，物业服务企业虽负有一定指导陈某停车入位的义务，但停车入位主要由陈某来操作。在停车板后部安装有高、低两个阻车装置的情况下，陈某驾驶车辆连续翻越两道阻车装置，却仍没有发现车辆尾部伸出停车板范围，应认定陈某在此次停车过程中存在重大过失，应对事故承担主要责任。而物业服务企业未及时发现陈某停车位置不当，导致陈某车辆受损，存在一定保管不善的过错，应对事故承担次要赔偿责任。最后，法院判决物业服务企业赔偿陈某车辆修理费8800元。本案中，物业服务企业应对陈某的车辆损失承担赔偿责任吗？

### 专家解答

本案中，不同于一般的停车位，机械停车位属于特种设备，应由专人进行操作，物业公司不应将车位使用操作完全交给车位的使用者。物业公司对机械停车位负有更多的管理、指挥职责。因此，物业公司对于此次事故的发生应承担相应的赔偿责任。

车位使用者陈某停车时未注意观察，其在连续翻越两道阻车装置，却仍没有发现车辆尾部伸出停车板范围，未尽到安全注意义务，存在过错。

物业公司与业主之间如何分担责任，主要看过错大小。法院裁决比例有待商榷。笔者认为，物业公司应承担比本案判决更大比例的责任。

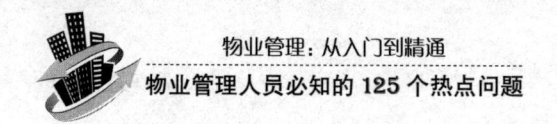

至于停车服务协议中双方关于"车主应服从停车管理人员的指挥和疏导；停车入位由车主自行完成。如主动要求停车管理人员指挥停车入位，发生事故后果自负"的约定，应属格式条款而无效。

## 法条链接

**《中华人民共和国民法典》**

**第四百九十七条** 有下列情形之一的，该格式条款无效：

（一）具有本法第一编第六章第三节和本法第五百零六条规定的无效情形；

（二）提供格式条款一方不合理地免除或者减轻其责任、加重对方责任、限制对方主要权利；

（三）提供格式条款一方排除对方主要权利。

**《中华人民共和国特种设备安全法》**

**第三十六条** 电梯、客运索道、大型游乐设施等为公众提供服务的特种设备的运营使用单位，应当对特种设备的使用安全负责，设置特种设备安全管理机构或者配备专职的特种设备安全管理人员；其他特种设备使用单位，应当根据情况设置特种设备安全管理机构或者配备专职、兼职的特种设备安全管理人员。

**第三十八条** 特种设备属于共有的，共有人可以委托物业服务单位或者其他管理人管理特种设备，受托人履行本法规定的特种设备使用单位的义务，承担相应责任。共有人未委托的，由共有人或者实际管理人履行管理义务，承担相应责任。

七、停车管理问题

## 88. 业主汽车被盗，物业公司没有监控记录，是否应当赔偿业主损失？

### 现实案例

业主袁先生在小区内租用了一个停车位用于停放自己的车辆，并且每年向物业公司支付停车费1600元。某天，袁先生的汽车被盗，他随即向公安机关报了案。当公安机关向物业公司询问、交涉时，发现物业公司对盗窃事件毫无线索，也没有任何监控记录。后来，保险公司按照保险合同约定，扣除相应免赔率后，向袁先生支付了部分保险赔偿金，其余车价款未得到保险赔偿。该车辆至今未找回。此外，袁先生为购买该车而支付购置税，也形成了经济损失。袁先生将物业公司起诉至法院。袁先生认为其与物业公司之间构成物业服务关系，自己的车辆在小区长期停放，并缴纳了停车费用，物业公司有义务对停放的车辆尽安全监控之责。但物业公司未尽看管责任，致使停放的汽车被盗，使自己遭受经济损失，他要求物业公司赔偿自己经济损失10万元。物业公司辩称，袁先生的车辆被盗窃，盗窃人是侵权人，同时也应是袁先生损失的赔偿人，而不应由物业公司赔偿。物业公司确实每年收取袁先生1600元的车位费，袁先生仅以此为由起诉物业公司赔偿，法律依据不足。

法院认为，业主袁先生向物业公司缴纳车位费后，物业公司应履行在监控范围内保障停车安全的谨慎注意义务。物业公司未有相应的监控记录，表明其在停车管理方面存在疏漏。因物业公

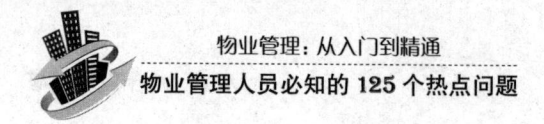

司对袁先生车辆的丢失未尽谨慎的注意义务，故对袁先生车辆丢失的损失应承担相应的民事赔偿责任。袁先生起诉，要求物业公司赔偿相应损失的诉讼请求，理由正当，法院予以支持，但对其过高要求不予支持。最后，法院判决物业公司赔偿袁先生车辆丢失损失2万元。本案中，物业公司应当承担业主袁先生车辆被盗的赔偿责任吗？

### 专家解答

　　从合同纠纷角度，一般来说，业主与物业公司之间系物业服务合同法律关系。物业服务合同是物业服务人在物业服务区域内，为业主提供建筑物及其附属设施的维修养护、环境卫生和相关秩序的管理维护等物业服务，业主支付物业费的合同。双方之间不构成保管合同关系。物业公司应否对业主车辆被盗承担赔偿责任，要看双方物业服务合同有关停车管理服务、秩序维护服务条款、违约责任条款的约定。如果物业公司存在不履行合同义务或者履行义务不符合约定的情况，业主可要求物业公司承担赔偿损失的违约责任。

　　从侵权纠纷角度，物业公司应否承担侵权责任，主要考量物业公司是否存在过错、过错与损害后果是否存在因果关系等方面的因素。现行行政法规中规定了物业公司的安全防范义务。监控记录应至少留存30日。本案中，物业公司不能提供监控记录，应认定其未完全履行安全防范义务。因物业公司无法提供监控记录，不利于公安部门尽快破案，故物业公司应承担与其过错相适应的赔偿责任。

## 法条链接

**《中华人民共和国民法典》**

第五百七十七条　当事人一方不履行合同义务或者履行合同义务不符合约定的，应当承担继续履行、采取补救措施或者赔偿损失等违约责任。

第九百三十七条　物业服务合同是物业服务人在物业服务区域内，为业主提供建筑物及其附属设施的维修养护、环境卫生和相关秩序的管理维护等物业服务，业主支付物业费的合同。

物业服务人包括物业服务企业和其他管理人。

**《物业管理条例》**

第四十六条　物业服务企业应当协助做好物业管理区域内的安全防范工作。发生安全事故时，物业服务企业在采取应急措施的同时，应当及时向有关行政管理部门报告，协助做好救助工作。

物业服务企业雇请保安人员的，应当遵守国家有关规定。保安人员在维护物业管理区域内的公共秩序时，应当履行职责，不得侵害公民的合法权益。

**《保安服务管理条例》**

第二十五条　保安服务中使用的技术防范产品，应当符合有关的产品质量要求。保安服务中安装监控设备应当遵守国家有关技术规范，使用监控设备不得侵犯他人合法权益或者个人隐私。

保安服务中形成的监控影像资料、报警记录，应当至少留存30日备查，保安从业单位和客户单位不得删改或者扩散。

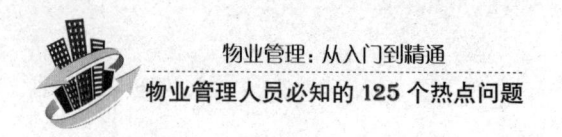

## 89. 业主买房时开发商承诺的停车收费标准，物业公司必须执行吗？

### 现实案例

因不满物业停车收费标准，某小区业主用车堵住小区西门，并打着"无德物业乱收费"的横幅抗议。据业主吕先生介绍，该小区是年初开始入住，买房时，开发商曾承诺地上停车费每月不超过120元。吕先生说，小区有地下车库，但每月租金加管理费需要300多元。业主认为收费较高，大部分人将车停在地面停车位上。"之前一直都没收费。"吕先生等业主说，从5月1日开始，物业开始收取地面停车费，并执行2小时1元的标准，"一天按10个小时算，一个月也得150元。隔壁小区最高只要80元"。

业主们还指出物业收费未经备案许可，且收费标准高出开发商承诺，不能接受，"已经跟物业协商了多次也没有结果"，因此相约堵门抗议。请问，物业公司的收费行为合法吗？

### 专家解答

首先，合同具有相对性，只对合同当事人产生法律约束力，对合同关系以外的第三人不产生法律约束力。本案中，开发商对业主作出的地上停车费每月不超120元的承诺，只能约束开发商和业主，未经物业公司确认，不能约束物业公司。如果开发商并不实际管理地上停车位，那么这种承诺也毫无意义。

## 七、停车管理问题

其次,地面停车位属于全体业主共有,由不收费变为收费,应首先经过业主大会表决。物业公司不能单方擅自决定开始收费及确定收费标准。

最后,当地价格部门对停车收费标准有规定的,停车收费还应当符合有关规定。

综上,如无合同约定,亦未经业主大会决定,物业公司无权擅自收取地面停车费。

### 法条链接

《中华人民共和国民法典》

**第二百七十五条** 建筑区划内,规划用于停放汽车的车位、车库的归属,由当事人通过出售、附赠或者出租等方式约定。

占用业主共有的道路或者其他场地用于停放汽车的车位,属于业主共有。

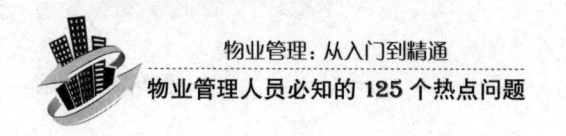

## 90. 业主买了车位，还要缴纳管理费吗？

### 现实案例

王女士在某小区买了一套房子，并花9万元购买了地下停车位。10月，王女士入住小区，当她想把车停到地下停车位时，发现进出地下停车场时需要刷卡，她因没卡无法进入。后来，物业公司告诉她，"要想进入地下停车库需要向物业公司缴纳每月24元的车位管理费，一次性缴纳一年的费用共288元"。王女士认为，地下停车位是自己花钱买的，但小区物业公司却要收取车位管理费，这太不合理了。那么，业主在购买了地下停车位后，还需要向物业公司缴纳管理费吗？

### 专家解答

本案中，实际涉及两个不同的法律关系：一是业主王女士与开发商之间形成的车位买卖合同关系。二是业主王女士与物业公司之间形成基于停车管理与服务的合同关系。上述法律关系，恰似房屋买卖关系与物业管理关系。业主买房后，需要物业管理；同样地，虽然有了车位，也需要对车辆进行管理。购买车位，只是说业主获得了车位的所有权。车位管理会产生一部分费用，一般包括：车位的清洁卫生、秩序维护、出入口管理、照明及排水等设施设备及场地的管理、维护等。当然，物业公司收取相关费用，一要遵守价格部门关于收费的政策，二要与业主协商一致，签订管理服务合同。

## 七、停车管理问题

因此,购买了车位的业主仍要缴纳停车管理费,比较规范的说法是停车服务费。

**法条链接**

《中华人民共和国民法典》

第五百七十七条 当事人一方不履行合同义务或者履行合同义务不符合约定的,应当承担继续履行、采取补救措施或者赔偿损失等违约责任。

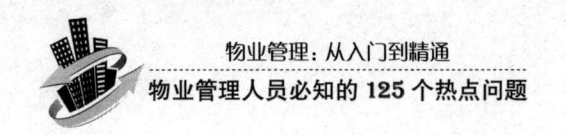

## 91. 物业公司收取的停车费中是否包含属于业主的停车收益？

### 现实案例

某物业公司接受一公寓住宅小区业主委员会的委托，对该小区提供物业服务，双方签订的《物业服务合同》中约定，物业服务内容包括交通与车辆停车秩序的管理，服务要求标准含"小区内停车有序，机动车辆进出小区有人指挥"。物业公司在提供物业服务期间，共收取小区地面停车费252000元（其中包括20个地面规划车位的72000元停车费；50个物业公司自行施划车位的180000元停车费）。后小区业主委员会要求物业公司公布收费支付明细，遭到物业公司拒绝。小区业主委员会与物业公司协商未果，将物业公司告上法庭，要求物业公司限期撤出小区，并返还全部停车收益。

物业公司辩称，物业公司应当参与停车费分成。物业公司为小区内添置设备、节日布景等支出96348.20元应当在停车费中扣除，在收取停车费的过程中物业公司还缴纳了税金14112元。业主委员会与物业公司对于小区停车所收费用应否归还及归还数额进行了激烈辩论。法院认为，物业公司参与停车费分成没有依据，但其主张的96348.20元公益性支出及14112元税金从总额中扣除应予支持。判决：物业公司应于判决生效之日起10日内向小区业主委员会移交小区停车费共计141539.80元。

本案判决是否恰当？如何认识停车费和停车收益的关系？

七、停车管理问题

### 专家解答

首先，需要弄清停车费的性质及停车费与停车收益的关系问题。车位有地面停车位，有地下车库停车位，在费用收取上可能都叫停车费，但性质有所不同。地面停车位属于全体业主所有，地下车库停车位属于开发商、业主个人产权车位（人防车位除外，人防车位有其特殊性）。只有地面停车位涉及公共收益或停车收益，而地下车库停车位并不涉及收益问题。

本案中，不论是20个地面规划车位，还是50个物业公司自行施划的地面车位，均应归全体业主所有。根据《民法典》有关规定，在扣除合理成本之后，收益归全体业主所有。一般而言，税金等相关成本应算为合理成本。当然，对于合理成本的有无和多寡，由物业公司举证证明。

停车费可以分成，但应当有物业公司与业主委员会的事先约定。如果没有事先约定，法院难以支持物业公司参与停车费分成。

为小区内添置设备、节日布景等支出，并不属于经营地面停车位的"合理成本"范畴，不应在停车费中扣除。

### 法条链接

《中华人民共和国民法典》

第二百八十二条　建设单位、物业服务企业或者其他管理人等利用业主的共有部分产生的收入，在扣除合理成本之后，属于业主共有。

《物业管理条例》

第五十四条　利用物业共用部位、共用设施设备进行经营的，

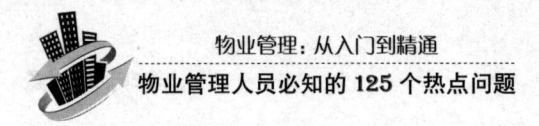

应当在征得相关业主、业主大会、物业服务企业的同意后，按照规定办理有关手续。业主所得收益应当主要用于补充专项维修资金，也可以按照业主大会的决定使用。

**第六十三条** 违反本条例的规定，有下列行为之一的，由县级以上地方人民政府房地产行政主管部门责令限期改正，给予警告，并按照本条第二款的规定处以罚款；所得收益，用于物业管理区域内物业共用部位、共用设施设备的维修、养护，剩余部分按照业主大会的决定使用：

（一）擅自改变物业管理区域内按照规划建设的公共建筑和共用设施用途的；

（二）擅自占用、挖掘物业管理区域内道路、场地，损害业主共同利益的；

（三）擅自利用物业共用部位、共用设施设备进行经营的。

个人有前款规定行为之一的，处1000元以上1万元以下的罚款；单位有前款规定行为之一的，处5万元以上20万元以下的罚款。

七、停车管理问题

## 92. 业主将车停放在消防车通道上，物业公司能否采取锁车的方式处理？

### 现实案例

某住宅小区车位非常紧张，有些下班回家晚的业主就只能将汽车停放在消防车通道上。物业公司为了阻止业主停车占用消防车通道的行为，采取将车辆轮胎用锁锁住的办法，并要求被锁车的业主写保证书，否则不予放行。被锁车的业主王女士认为物业公司的行为违法，车辆是业主的私人财产，物业公司只是代业主管理小区的，根本无权擅自去锁业主的车。对于业主的质疑，物业公司的工作人员表示，他们有权锁车，这样做是为了规范管理。车主占用了消防车通道，若发生火灾等情况，后果不堪设想。那么，业主将车停放在消防车通道，物业公司能否采取锁车的方式处理？

### 专家解答

消防车通道，是供消防车通行，由消防人员实施营救和疏散被困人员的通道。在消防安全方面，任何单位和个人都有维护消防安全、保护消防设施、预防火灾的义务。业主是小区建筑物的所有权人，小区业主对专有部分以外的共有部分，共同履行消防安全职责。物业公司接受委托为住宅小区提供物业服务的，应当对管理区域内的共用消防设施进行维护管理，提供消防安全防范服务。其消防安全工作包括：组织安全巡查，发现火灾隐患及时采取措施；保障疏

249

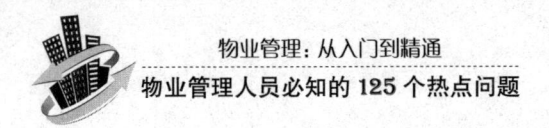

散通道、安全出口、消防车通道畅通，划定和设置停车泊位及设施时不得占用、堵塞消防车通道；对占用、堵塞、封闭疏散通道、安全出口、消防车通道的行为予以劝阻并督促改正；对拒不改正的，及时向公安机关消防机构或者公安派出所报告。

本案中，业主将车辆停放在消防车通道的行为，属于占用、堵塞消防车通道，已构成火灾隐患。业主自身已违反了其应当承担的消防安全义务。对此行为，物业公司有义务对车主的行为予以劝阻并督促改正；对拒不改正的，应当及时向公安机关消防机构或者公安派出所报告。本案中，物业公司将王女士的汽车轮胎上锁，方式显然欠妥，已构成侵权。所谓的"劝阻并督促改正"一般是指采取口头、电话、书面等方式要求业主整改，为便于留取证据，最好采用书面的方式。如果对业主违反消防安全的行为劝阻无效，应当向公安机关消防机构或者公安派出所报告。物业公司并不具有锁车或采取其他强制措施的权力。物业公司锁车行为给业主造成财产损失的，物业公司还应当承担赔偿责任。

可见，在应对业主占用消防车通道停车行为上，物业公司应当尽到监督、劝阻、督促改正、报告的义务，但在履行义务时，不可采取超越法定许可的方式，不可超越物业管理职责。

## 法条链接

**《中华人民共和国消防法》**

**第五条** 任何单位和个人都有维护消防安全、保护消防设施、预防火灾、报告火警的义务。任何单位和成年人都有参加有组织的灭火工作的义务。

**第十八条** 同一建筑物由两个以上单位管理或者使用的，应当明确各方的消防安全责任，并确定责任人对共用的疏散通道、安全出口、建筑消防设施和消防车通道进行统一管理。

住宅区的物业服务企业应当对管理区域内的共用消防设施进行维护管理，提供消防安全防范服务。

《北京市消防条例》

**第二十二条** 同一建筑物有两个以上所有权人的，所有权人对各自专有部分履行消防安全职责。对专有部分以外的共有部分，所有权人共同履行消防安全职责。

# 八、住宅专项维修资金

## 93. 什么是住宅专项维修资金？

### 现实案例

刘女士买房时，交存了一笔不小的支出，那就是"住宅专项维修资金"。她对这个款项持有异议，一是不明白交存住宅专项维修资金的法律依据，二是不清楚这笔钱究竟是不是该业主交存。那么，什么是住宅专项维修资金？哪些业主应当交存住宅专项维修资金？

### 专家解答

住宅专项维修资金，是指专项用于住宅共用部位、共用设施设备保修期满后的维修和更新、改造的资金。住宅专项维修资金由业主交存，归业主所有。

住宅专项维修资金，在有的地方称为"物业维修资金"。在《住宅专项维修资金管理办法》出台前，按照《住宅共用部位共用设施设备维修基金管理办法》，住宅专项维修资金称为"住宅共用部位共用设施设备维修基金"，有的地方称为"住宅公共维修基金"。

### 法条链接

《住宅专项维修资金管理办法》

**第二条第二款** 本办法所称住宅专项维修资金，是指专项用于住宅共用部位、共用设施设备保修期满后的维修和更新、改造的资金。

**第六条** 下列物业的业主应当按照本办法的规定交存住宅专项维修资金：

（一）住宅，但一个业主所有且与其他物业不具有共用部位、共用设施设备的除外；

（二）住宅小区内的非住宅或者住宅小区外与单幢住宅结构相连的非住宅。

前款所列物业属于出售公有住房的，售房单位应当按照本办法的规定交存住宅专项维修资金。

**第九条** 业主交存的住宅专项维修资金属于业主所有。

从公有住房售房款中提取的住宅专项维修资金属于公有住房售房单位所有。

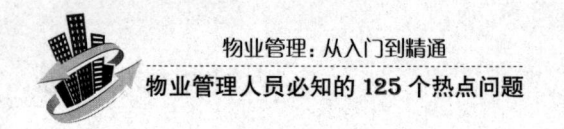

## 94. 业主大会成立前，商品住宅专项维修资金由谁管理？

### 现实案例

某商品房小区尚未成立业主大会，小区业主群里大家议论纷纷，业主交存的住宅专项维修资金是一笔不小的费用，这些资金由谁来管理？

### 专家解答

业主大会成立前住宅专项维修资金处于代管状态，即由物业所在地直辖市、市、县人民政府建设（房地产）主管部门代管。主管部门通过委托所在地商业银行作为专户管理银行的形式专户存储住宅专项维修资金。

### 法条链接

**《住宅专项维修资金管理办法》**

第十条　业主大会成立前，商品住宅业主、非住宅业主交存的住宅专项维修资金，由物业所在地直辖市、市、县人民政府建设（房地产）主管部门代管。

直辖市、市、县人民政府建设（房地产）主管部门应当委托所在地一家商业银行，作为本行政区域内住宅专项维修资金的专户管

## 八、住宅专项维修资金

理银行,并在专户管理银行开立住宅专项维修资金专户。

开立住宅专项维修资金专户,应当以物业管理区域为单位设账,按房屋户门号设分户账;未划定物业管理区域的,以幢为单位设账,按房屋户门号设分户账。

## 95. 住宅专项维修资金具体可用于哪些住宅共用部位的维修、更新、改造？

### 现实案例

某住宅小区于 2008 年开始入住。6 年后，小区的 4 栋楼外墙出现大面积脱落，以致发生过脱落的外墙砸毁车辆的事件，给业主的财产乃至生命安全带来极大威胁。部分业主向物业公司反映，希望物业公司尽快维修外墙。物业公司初步决定使用维修资金进行修理，物业公司首先找到当地的房屋安全鉴定部门出具房屋维修工程鉴定报告，接着找到了相关的维修单位，做出了外墙维修工程预算书，4 栋楼彻底维修外墙预算金额为 726.31 万元。随后，物业公司以书面征集意见的方式就是否同意使用住宅专项维修资金支付外墙维修工程费用事项进行表决。专有部分面积占比 69% 的业主且人数占比 69% 的业主参与表决，并经参与表决专有部分面积过半数的业主且参与表决人数过半数的业主同意。表决后，物业公司将表决结果在物业管理区域内进行了公示，同时持相关材料到房管局申请住宅专项维修资金。部分业主听到物业公司要使用自己的住宅专项维修资金维修外墙后非常不满，并向市政府和相关部门进行了投诉，他们认为外墙砖脱落属于房屋质量问题，应由开发商出资维修，不应当用业主的钱维修。本案中，物业公司可以申请使用住宅专项维修资金进行小区外墙维修工程吗？

## 专家解答

按照相关规定，住宅专项维修资金是用于住宅共用部位、共用设施设备保修期满后的维修和更新、改造的资金。住宅共用部位一般包括：住宅的基础、承重墙体、柱、梁、楼板、屋顶以及户外的墙面、门厅、楼梯间、走廊通道等。本案中，小区外墙属于住宅共用部位，且使用时间已经超过6年，过了保修期。此外，超过法定比例的业主同意使用维修资金。因此，本案小区外墙维修可以使用住宅专项维修资金。房管局应当依法同意物业公司的申请。

## 法条链接

**《建设工程质量管理条例》**

**第四十条** 在正常使用条件下，建设工程的最低保修期限为：

……

（二）屋面防水工程、有防水要求的卫生间、房间和外墙面的防渗漏，为5年；

……

**《住宅专项维修资金管理办法》**

**第二条** 商品住宅、售后公有住房住宅专项维修资金的交存、使用、管理和监督，适用本办法。

本办法所称住宅专项维修资金，是指专项用于住宅共用部位、共用设施设备保修期满后的维修和更新、改造的资金。

**第三条第一款** 本办法所称住宅共用部位，是指根据法律、法规和房屋买卖合同，由单幢住宅内业主或者单幢住宅内业主及与之结构相连的非住宅业主共有的部位，一般包括：住宅的基础、承重墙体、柱、梁、楼板、屋顶以及户外的墙面、门厅、楼梯间、走廊通道等。

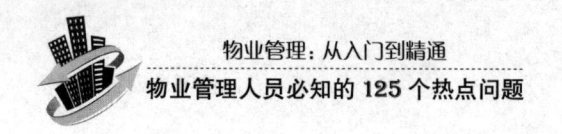

## 96. 住宅专项维修资金具体可用于哪些共用设施设备的维修、更新、改造？

### 现实案例

某小区公共区域的电梯已过保修期，出现陈旧、老化问题，存在安全隐患。有业主提出，电梯属于共用设施设备，可以动用住宅专项维修资金来对其进行维修。那么，住宅专项维修资金具体可用于哪些共用设施设备的维修、更新和改造呢？

### 专家解答

共用设施设备一般包括电梯、天线、照明、消防设施、绿地、道路、路灯、沟渠、池、井、非经营性车场车库、公益性文体设施和共用设施设备使用的房屋等。

### 法条链接

**《住宅专项维修资金管理办法》**

**第三条第二款** 本办法所称共用设施设备，是指根据法律、法规和房屋买卖合同，由住宅业主或者住宅业主及有关非住宅业主共有的附属设施设备，一般包括电梯、天线、照明、消防设施、绿地、道路、路灯、沟渠、池、井、非经营性车场车库、公益性文体设施和共用设施设备使用的房屋等。

## 97. 哪些费用的支出不能使用住宅专项维修资金？

**现实案例**

某小区物业公司计划将电梯年检费从住宅专项维修资金中列支，遭到业主反对，业主认为，根据物业服务合同约定，电梯年检费属于应当由物业服务企业承担的共用设施设备的维修和养护费用。那么，哪些费用不能从住宅专项维修资金中列支？

**专家解答**

主要有四部分费用不得从住宅专项维修资金中列支：一是应当由建设单位或者施工单位承担的住宅共用部位、共用设施设备维修、更新和改造费用；二是应当由供水、供电、供气、供热、通讯、有线电视等专业单位承担的管线和设施设备的维修、养护费用；三是应当由当事人承担的因人为损坏住宅共用部位、共用设施设备所需的修复费用；四是根据物业服务合同约定，应当由物业服务企业承担的住宅共用部位、共用设施设备的维修和养护费用。

**法条链接**

《住宅专项维修资金管理办法》

第二十五条 下列费用不得从住宅专项维修资金中列支：

（一）依法应当由建设单位或者施工单位承担的住宅共用部位、共用设施设备维修、更新和改造费用；

（二）依法应当由相关单位承担的供水、供电、供气、供热、通讯、有线电视等管线和设施设备的维修、养护费用；

（三）应当由当事人承担的因人为损坏住宅共用部位、共用设施设备所需的修复费用；

（四）根据物业服务合同约定，应当由物业服务企业承担的住宅共用部位、共用设施设备的维修和养护费用。

## 98. 业主大会成立前，物业公司按什么程序使用住宅专项维修资金？

**现实案例**

某小区尚未成立业主大会，住宅专项维修资金尚未划转，目前由县住建局代管。如果想要使用住宅专项维修资金，应当按何种程序办理？

**专家解答**

住宅专项维修资金划转至业主大会管理前，按照如下程序使用：物业公司提出使用方案→业主表决→组织实施使用方案→申请列支→代管部门审核同意并向专户银行发出划转通知→银行划转资金。具体来说：

第一步，物业服务企业根据维修和更新、改造项目提出使用建议；没有物业服务企业的，由相关业主提出使用建议。

第二步，住宅专项维修资金列支范围内专有部分占建筑物总面积三分之二以上的业主且占总人数三分之二以上的业主讨论通过使用建议。

第三步，物业服务企业或者相关业主组织实施使用方案。

第四步，物业服务企业或者相关业主持有关材料，向所在地直辖市、市、县人民政府建设（房地产）主管部门申请列支。

第五步，直辖市、市、县人民政府建设（房地产）主管部门审

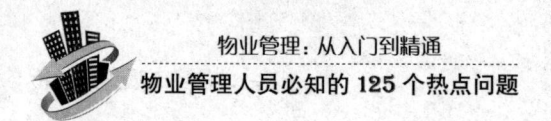

核同意后，向专户管理银行发出划转住宅专项维修资金的通知。

第六步，专户管理银行将所需住宅专项维修资金划转至维修单位。

## 法条链接

**《住宅专项维修资金管理办法》**

第二十二条　住宅专项维修资金划转业主大会管理前，需要使用住宅专项维修资金的，按照以下程序办理：

（一）物业服务企业根据维修和更新、改造项目提出使用建议；没有物业服务企业的，由相关业主提出使用建议；

（二）住宅专项维修资金列支范围内专有部分占建筑物总面积三分之二以上的业主且占总人数三分之二以上的业主讨论通过使用建议；

（三）物业服务企业或者相关业主组织实施使用方案；

（四）物业服务企业或者相关业主持有关材料，向所在地直辖市、市、县人民政府建设（房地产）主管部门申请列支；其中，动用公有住房住宅专项维修资金的，向负责管理公有住房住宅专项维修资金的部门申请列支；

（五）直辖市、市、县人民政府建设（房地产）主管部门或者负责管理公有住房住宅专项维修资金的部门审核同意后，向专户管理银行发出划转住宅专项维修资金的通知；

（六）专户管理银行将所需住宅专项维修资金划转至维修单位。

八、住宅专项维修资金

## 99. 住宅专项维修资金划转业主大会管理后，物业公司应当按照什么程序使用？

**现实案例**

某小区的住宅专项维修资金已划转业主大会管理，如果想要使用住宅专项维修资金，应当按何种程序办理？

**专家解答**

住宅专项维修资金划转业主大会管理后，按照如下程序使用：物业公司提出使用方案→业主大会表决通过方案→物业公司组织实施使用方案→物业公司申请列支→业委会审核同意并向专户银行发出划转通知→银行划转资金。具体来说：

第一步，物业服务企业提出使用方案；

第二步，业主大会依法通过使用方案；

第三步，物业服务企业组织实施使用方案；

第四步，物业服务企业持有关材料向业主委员会提出列支住宅专项维修资金；

第五步，业主委员会依据使用方案审核同意，并报直辖市、市、县人民政府建设（房地产）主管部门备案；

第六步，业主委员会、负责管理公有住房住宅专项维修资金的部门向专户管理银行发出划转住宅专项维修资金的通知；

第七步，专户管理银行将所需住宅专项维修资金划转至维修

265

单位。

## 法条链接

**《住宅专项维修资金管理办法》**

第二十三条　住宅专项维修资金划转业主大会管理后,需要使用住宅专项维修资金的,按照以下程序办理:

(一)物业服务企业提出使用方案,使用方案应当包括拟维修和更新、改造的项目、费用预算、列支范围、发生危及房屋安全等紧急情况以及其他需临时使用住宅专项维修资金的情况的处置办法等;

(二)业主大会依法通过使用方案;

(三)物业服务企业组织实施使用方案;

(四)物业服务企业持有关材料向业主委员会提出列支住宅专项维修资金;其中,动用公有住房住宅专项维修资金的,向负责管理公有住房住宅专项维修资金的部门申请列支;

(五)业主委员会依据使用方案审核同意,并报直辖市、市、县人民政府建设(房地产)主管部门备案;动用公有住房住宅专项维修资金的,经负责管理公有住房住宅专项维修资金的部门审核同意;直辖市、市、县人民政府建设(房地产)主管部门或者负责管理公有住房住宅专项维修资金的部门发现不符合有关法律、法规、规章和使用方案的,应当责令改正;

(六)业主委员会、负责管理公有住房住宅专项维修资金的部门向专户管理银行发出划转住宅专项维修资金的通知;

(七)专户管理银行将所需住宅专项维修资金划转至维修单位。

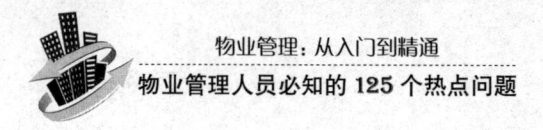

八、住宅专项维修资金

## 100. 是否必须先征得业主同意才能使用住宅专项维修资金？

**现实案例**

某高层住宅楼，建筑面积1.8万平方米，1998年开始入住，该住宅楼共180套房屋，2部电梯。由于业主欠缴物业费，物业公司经营困难，各项服务也无法到位，电梯存在"带病"运行问题。考虑到安全问题，物业公司决定使用住宅专项维修资金对2部电梯进行彻底维修。但是，征求业主意见时，大部分业主不同意使用住宅专项维修资金。当听说可以不经过业主同意也能使用住宅专项维修资金后，物业公司向房管局提出使用46万余元住宅专项维修资金维修电梯的申请。房管局同意了物业公司的申请。部分业主得知后找到房管局，认为房管局违法审批，未经业主同意不能动用业主的住宅专项维修资金。本案中，使用住宅专项维修资金维修电梯必须事先征得业主同意吗？房管局的审批违法吗？

**专家解答**

使用住宅专项维修资金维修电梯不一定事先征得业主同意。当发生危及房屋安全等紧急情况，需要立即对住宅共用部位、共用设施设备进行维修和更新、改造时，为简化程序，无须事先征得业主同意，可以直接由物业公司申请列支，专户银行、业委会审核同意后划转使用。本案中，小区电梯存在"带病"运行问题，如果不及

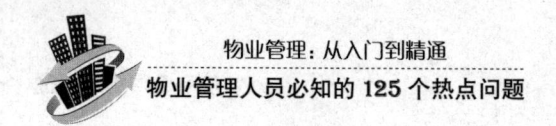

时维修，可能造成电梯夹人、坠梯等安全事故，应当认定属于发生了危及房屋安全的紧急情况。因此，本案物业公司可以不经业主同意直接申请使用住宅专项维修资金，房管局的审批是合法的。值得注意的是，北京、天津、深圳等城市专门制定了应急使用住宅专项维修资金的相关办法，规定出现类似本案情况时，可以不经业主同意直接使用住宅专项维修资金，以保障房屋住用安全。

## 法条链接

**《住宅专项维修资金管理办法》**

第二十四条 发生危及房屋安全等紧急情况，需要立即对住宅共用部位、共用设施设备进行维修和更新、改造的，按照以下规定列支住宅专项维修资金：

（一）住宅专项维修资金划转业主大会管理前，按照本办法第二十二条第四项、第五项、第六项的规定办理；

（二）住宅专项维修资金划转业主大会管理后，按照本办法第二十三条第四项、第五项、第六项和第七项的规定办理。

发生前款情况后，未按规定实施维修和更新、改造的，直辖市、市、县人民政府建设（房地产）主管部门可以组织代修，维修费用从相关业主住宅专项维修资金分户账中列支；其中，涉及已售公有住房的，还应当从公有住房住宅专项维修资金中列支。

# 101. 发生哪些紧急情况时可以不经相关业主表决即可使用住宅专项维修资金？

### 现实案例

北京市某小区因出现电梯故障的紧急情况，物业服务企业立即采取应急防范措施，使用住宅专项维修资金进行维修。部分业主表示质疑，住宅专项维修资金是业主交存的，使用应经业主共同决定。那么，什么情况下可以申请住宅专项维修资金应急使用？住宅专项维修资金应急使用是否需要相关业主表决？

### 专家解答

《北京市住宅专项维修资金管理办法》规定了紧急情况的具体内容包括5种：屋面防水损坏造成渗漏的；电梯故障危及人身安全的；高层住宅水泵损坏导致供水中断的；楼体单侧外立面五分之一以上有脱落危险的；消防系统出现功能障碍，消防管理部门要求对消防设施设备维修及更新、改造的。

在全国很多地方，也都规定了在特殊情况下，紧急使用或应急使用住宅专项维修资金无须业主事先表决同意。

### 法条链接

**《住宅专项维修资金管理办法》**

**第二十四条** 发生危及房屋安全等紧急情况，需要立即对住宅共用部位、共用设施设备进行维修和更新、改造的，按照以下规定列支住宅专项维修资金：

（一）住宅专项维修资金划转业主大会管理前，按照本办法第二十二条第四项、第五项、第六项的规定办理；

（二）住宅专项维修资金划转业主大会管理后，按照本办法第二十三条第四项、第五项、第六项和第七项的规定办理。

发生前款情况后，未按规定实施维修和更新、改造的，直辖市、市、县人民政府建设（房地产）主管部门可以组织代修，维修费用从相关业主住宅专项维修资金分户账中列支；其中，涉及已售公有住房的，还应当从公有住房住宅专项维修资金中列支。

**《北京市住宅专项维修资金管理办法》**

**第二十九条** 发生危及房屋使用安全等紧急情况，需要立即对住宅共用部位、共用设施设备进行维修和更新、改造的，应当按照以下规定列支住宅专项维修资金：

（一）住宅专项维修资金划转业主大会管理前，按照本办法第二十六条第（四）项、第（五）项、第（六）项的规定办理；

（二）住宅专项维修资金划转业主大会管理后，按照本办法第二十七条第（四）项、第（五）项、第（六）项、第（七）项的规定办理。

前款所称的紧急情况一般包括：

（一）屋面防水损坏造成渗漏的；

（二）电梯故障危及人身安全的；

（三）高层住宅水泵损坏导致供水中断的；

（四）楼体单侧外立面五分之一以上有脱落危险的；

（五）消防系统出现功能障碍，消防管理部门要求对消防设施设备维修及更新、改造的。

工程完工后，物业服务企业、业主委员会（未成立业主大会的，可以由社区居委会召集业主代表）应当组织有关单位验收，并出具工程验收报告。验收合格后，物业服务企业持相关材料申请使用住宅专项维修资金。

**《北京市住房和城乡建设委员会、北京市财政局、北京市住房资金管理中心关于简化程序方便应急情况下使用住宅专项维修资金有关问题的通知》**

一、实施应急维修需要使用住宅专项维修资金的，无需经住宅专项维修资金列支范围内专有部分占建筑物总面积三分之二以上的业主且占总人数三分之二以上的业主同意，但业主委员会应当在物业管理区域内的显著位置就专项维修资金用于应急维修的有关情况告知业主；没有业主委员会的，由物业服务企业告知。

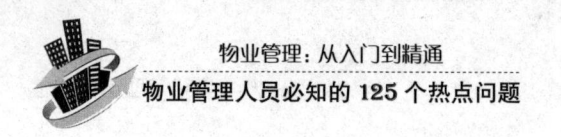

## 102. 业主可否以超过诉讼时效为由，拒绝缴纳住宅专项维修资金？

### 现实案例

业主（A 公司）拥有某物业项目的底层、二层房屋的产权，底层建筑面积 691.36 平方米、二层建筑面积 910.39 平方米。A 公司未支付过上述房屋的专项维修资金。小区业主大会经征求业主表决意见，决定由业主大会代表业主提起追索维修资金的诉讼。业主大会向法院起诉，要求 A 公司就其所有的底层、二层的房屋缴纳专项维修资金 57566.9 元。A 公司辩称，其于 6 年前获得房地产权证以来，业主大会从未主张过维修资金，该请求已超过诉讼时效，不同意业主大会诉请。

### 专家解答

法院判决 A 公司应向业主大会缴纳专项维修资金 57566.9 元。

按照最高人民法院相关指导案例的裁判理由，"维修资金性质上属于专项基金，系为特定目的，即为住宅共用部位、共用设施设备保修期满后的维修和更新、改造而专设的资金。它在购房款、税费、物业费之外，单独筹集、专户存储、单独核算。由其专用性所决定，专项维修资金的缴纳并非源于特别的交易或法律关系，而是为了准备应急性地维修、更新或改造区分所有建筑物的共有部分。由于共有部分的维护关乎全体业主的共同或公共利益，所以维修资金具有公共性、公益性"。

## 八、住宅专项维修资金

"缴纳专项维修资金是为特定范围的公共利益,即建筑物的全体业主共同利益而特别确立的一项法定义务,这种义务的产生与存在仅仅取决于义务人是否属于区分所有建筑物范围内的住宅或非住宅所有权人。因此,缴纳专项维修资金的义务是一种旨在维护共同或公共利益的法定义务,其只存在补缴问题,不存在因时间经过而可以不缴的问题。"

"业主大会要求补缴维修资金的权利,是业主大会代表全体业主行使维护小区共同或公共利益之职责的管理权。如果允许某些业主不缴纳维修资金而可享有以其他业主的维修资金维护共有部分而带来的利益,其他业主就有可能在维护共有部分上支付超出自己份额的金钱,这违背了公平原则,并将对建筑物的长期安全使用,对全体业主的共有或公共利益造成损害。"[1]

### 法条链接

《中华人民共和国民法典》

**第二百八十一条** 建筑物及其附属设施的维修资金,属于业主共有。经业主共同决定,可以用于电梯、屋顶、外墙、无障碍设施等共有部分的维修、更新和改造。建筑物及其附属设施的维修资金的筹集、使用情况应当定期公布。

紧急情况下需要维修建筑物及其附属设施的,业主大会或者业主委员会可以依法申请使用建筑物及其附属设施的维修资金。

---

[1] 参见最高人民法院指导案例65号:上海市虹口区久乐大厦小区业主大会诉上海环亚实业总公司业主共有权纠纷案。

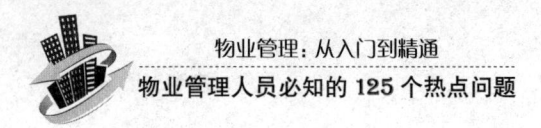

**《物业管理条例》**

**第七条** 业主在物业管理活动中，履行下列义务：

……

（四）按照国家有关规定交纳专项维修资金；

……

**第五十三条第一款、第二款** 住宅物业、住宅小区内的非住宅物业或者与单幢住宅楼结构相连的非住宅物业的业主，应当按照国家有关规定交纳专项维修资金。

专项维修资金属于业主所有，专项用于物业保修期满后物业共用部位、共用设施设备的维修和更新、改造，不得挪作他用。

**《住宅专项维修资金管理办法》**

**第二条第二款** 本办法所称住宅专项维修资金，是指专项用于住宅共用部位、共用设施设备保修期满后的维修和更新、改造的资金。

# 九、物业公司的公共安全责任

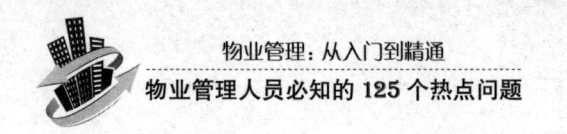

## 103. 小区内发生入室盗窃，物业公司应否承担责任？

### 现实案例

宋女士系某高档小区的业主。某年7月27日晚上10时30分，宋女士向110指挥中心报警，称其家中被盗，110民警在2分钟内到达现场。报警情况登记表记载显示，宋女士家住×区×路22号×室，家里被盗，系破窗攀爬入室。刑事案件破案登记表记载，宋女士家中被盗物品及现金合计36850元。宋女士入住小区后，与物业公司签订了"业主公约"，约定物业公司负责小区内的秩序维护工作，保持小区内的正常生活秩序，对发生在小区内的刑事及民事案件，物业公司不承担赔偿责任，应由责任人及所投保的保险公司负责赔偿。盗窃案件发生后，物业公司会同公安分局派出所警官查看了26日至27日的监控录像，并为宋女士更换了玻璃。因要求物业公司赔偿损失未果，宋女士于10月19日诉至人民法院，要求物业公司承担赔偿责任。本案中，物业公司应否对入室盗窃导致的业主财产损失负赔偿责任？

### 专家解答

本案小区业主在入住时，与物业公司签订了"业主公约"，约定物业公司负责小区内的秩序维护工作，保持小区内的正常生活秩序，对发生在小区内的刑事及民事案件，物业公司不承担赔偿责任，应由

## 九、物业公司的公共安全责任

责任人及所投保的保险公司负责赔偿。如何认定双方签订的"业主公约"的性质呢？这一约定实际上具有物业服务合同性质。本案中，宋女士亦未能提供证据证明物业公司在履行合同中存在违约的行为。因此，从履行合同义务角度，物业公司已尽到了自身义务和责任。

从上文的分析中，我们也能看出法律没有规定物业公司对作为业主的家中财产负有保护义务。再者，物业服务本质上是一种专业服务，并不能承担社会管理的职能。物业服务内容虽然包括秩序维护服务，但并不能等同于广义的社会治安，而仅是指物业管理区域内的一般秩序维护。发生治安及刑事案件，物业公司仅具有及时向有关部门报告之义务。业主的损失应由不法行为人承担，物业公司并非盗窃案件的实施主体。而且，实施盗窃的行为人作案的地点不在物业公司的监控区域内。因此，物业公司对宋女士的财产损失不应负赔偿责任。

### 法条链接

**《中华人民共和国民法典》**

**第九百三十七条** 物业服务合同是物业服务人在物业服务区域内，为业主提供建筑物及其附属设施的维修养护、环境卫生和相关秩序的管理维护等物业服务，业主支付物业费的合同。

物业服务人包括物业服务企业和其他管理人。

**第一千一百六十五条** 行为人因过错侵害他人民事权益造成损害的，应当承担侵权责任。

依照法律规定推定行为人有过错，其不能证明自己没有过错的，应当承担侵权责任。

**《物业管理条例》**

**第二条** 本条例所称物业管理，是指业主通过选聘物业服务企

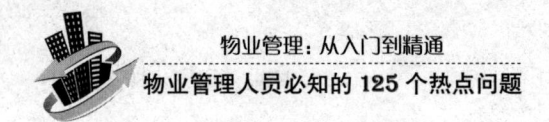

业，由业主和物业服务企业按照物业服务合同约定，对房屋及配套的设施设备和相关场地进行维修、养护、管理，维护物业管理区域内的环境卫生和相关秩序的活动。

**第四十五条** 对物业管理区域内违反有关治安、环保、物业装饰装修和使用等方面法律、法规规定的行为，物业服务企业应当制止，并及时向有关行政管理部门报告。

有关行政管理部门在接到物业服务企业的报告后，应当依法对违法行为予以制止或者依法处理。

九、物业公司的公共安全责任

## 104. 物业公司如何应对业主拆改承重结构？

### 现实案例

某小区物业公司人员巡逻时发现，2号楼21层2101室业主郝先生的房屋装修存在严重问题：该住户将客厅与卫生间之间的承重墙整个推倒并准备重新设计改造，同时还将主卧室的阳台窗户旁的承重墙推倒，向外扩建。郝先生此举引起了楼上楼下住户的强烈不满，楼下房屋的墙体已经出现裂缝，楼内的住户都非常恐慌，有的已经从家中搬离住进了酒店。虽多次交涉，郝先生仍拒绝恢复墙体。为弄清楚此举是否对房屋结构安全产生影响，物业公司专门请某设计院专家进行鉴定，鉴定结论是：房屋所在单元的楼板和墙体的稳固性会因此受到破坏，同时将导致全楼的整体抗震性能下降。物业公司遂向法院提出诉讼：要求郝先生恢复承重墙的原状，消除安全隐患；赔偿物业公司在鉴定等方面的经济损失共计7000元。郝先生辩称，物业公司不是该楼的产权人，自己的装修行为即使危害了公共安全，也没有侵害物业公司的权益，物业公司不具备作为原告的诉讼主体资格，请求法院驳回物业公司的起诉。本案中，物业公司是否有起诉业主郝先生的资格呢？对于业主装修过程中拆改承重墙的行为应当如何处理呢？

### 专家解答

《住宅室内装饰装修管理办法》规定了住宅室内装饰装修活动

279

中的禁止行为,其中包括"扩大承重墙上原有的门窗尺寸,拆除连接阳台的砖、混凝土墙体"。此外,各省市的《临时管理规约》《管理规约》示范文本中都包含禁止类似违规装修的行为。业主与物业公司之间签订的《住宅室内装饰装修管理服务协议》一般也包括装修禁止行为和注意事项。本案中,郝先生的行为已经违反了上述法律规定和合同约定。物业公司为小区提供物业管理和服务,包括对房屋墙体、柱、梁等共用部位的维修养护。郝先生的行为虽然发生在其专有部分内,但承重墙并非其个人所有,而属于业主共有共用。其行为不但侵害了相邻业主的合法权益,同时也影响了正常的物业管理秩序。对于此类违规行为,《物业管理条例》赋予物业公司举报的权利和义务。因此,物业公司有权依法提起诉讼。

对于业主装修过程中拆改承重墙的行为,物业公司可以采取如下处理措施:一是发放整改通知单,劝说和阻止业主的违法装修行为;二是向房屋行政主管部门、城管等部门报告,请求相关部门依法处理;三是向法院提起诉讼,要求法院判令业主恢复原状,如装饰装修管理服务协议中约定了违约责任,物业公司可依法主张。同时,物业公司可向法院申请先予执行,以阻止业主进一步的破坏行为。另外,业主委员会和相关业主也可依法提起诉讼。

## 法条链接

**《物业管理条例》**

**第四十五条** 对物业管理区域内违反有关治安、环保、物业装饰装修和使用等方面法律、法规规定的行为,物业服务企业应当制止,并及时向有关行政管理部门报告。

## 九、物业公司的公共安全责任

有关行政管理部门在接到物业服务企业的报告后,应当依法对违法行为予以制止或者依法处理。

**《住宅室内装饰装修管理办法》**

**第五条** 住宅室内装饰装修活动,禁止下列行为:

(一)未经原设计单位或者具有相应资质等级的设计单位提出设计方案,变动建筑主体和承重结构;

……

(三)扩大承重墙上原有的门窗尺寸,拆除连接阳台的砖、混凝土墙体;

……

本办法所称承重结构,是指直接将本身自重与各种外加作用力系统地传递给基础地基的主要结构构件和其连接接点,包括承重墙体、立杆、柱、框架柱、支墩、楼板、梁、屋架、悬索等。

**第十五条** 物业管理单位应当将住宅室内装饰装修工程的禁止行为和注意事项告知装修人和装修人委托的装饰装修企业。

装修人对住宅进行装饰装修前,应当告知邻里。

## 105. 业主违法建设开挖地窖造成工人死亡，物业公司有无责任？

### 现实案例

10月的一天下午2时许，一幢私人别墅在装修过程中，私自开挖地下室，进行地下改建施工。据了解，该别墅业主打算建一个私人酒窖。建设的地下室工地紧挨着别墅。当施工人员正在往坑北侧砖墙的缝隙里填土的时候，砖墙受到挤压，长约20米的砖墙顿时倒塌，工人们全被压在墙下。墙体坍塌事故造成了2名施工人员死亡、3人受伤。砖墙倒塌后，现场可见一长约30米，宽约10米，深达8米的大坑，现场看不到任何加固措施。事故发生后，施工方及物业公司相关负责人被警方控制。

另据了解，5月底，涉案业主申请住宅室内装饰装修，并与小区物业公司签订了《住宅室内装饰装修管理服务协议》，物业服务企业按照规定进行了日常巡查。8月16日前，装修企业一直按照装修方案实施室内装饰装修。之后，物业公司发现装修企业以实施绿化改造为名拆除了两栋房屋之间的隔栏，并开始在两栋房屋之间挖土，因此行为不符合装修方案，物业公司自8月19日起，多次向业主发出责令改正通知书，要求其停止作业，并采取了限制装修人员进入小区的方式予以制止。9月13日，物业项目经理向有关部门报告，并做了电话记录。9月15日，装修人员以整改、恢复原状为由进入现场，但未进行整改。另据调查，业主进行的地下改

## 九、物业公司的公共安全责任

建施工并未取得相关规划部门的许可，接受业主委托的装修企业并无土建施工资质。

本案中，物业公司有无责任？

### 专家解答

本案是一起因违法建设引发的安全生产责任事故。本案中，共涉及业主、施工企业、物业公司三方主体。

业主是物业装修人，其开挖地下室进行地下工程改建：一是未取得建设工程规划许可证、临时建设工程规划许可证；二是未聘请具有土建施工资质的企业进行施工；三是未经物业公司同意，且未与物业公司在装饰装修管理服务协议中约定实施地下改建工程；四是在物业公司多次责令改正后拒不改正。因此，业主应当承担此次安全生产事故的主要责任。

施工企业：一是无土建施工资质；二是在施工过程中未采取加固措施，确保必要的安全生产条件；三是未按照装饰装修协议相关约定开展装修；四是在物业公司提出停止违建后仍坚持施工。因此，施工企业应与业主一同承担本次事故责任。

在装饰装修管理服务过程中，物业公司要履行的义务和责任包括：一是对住宅室内装修的装修人员和装修企业，告知装修禁止行为和注意事项。二是对违法装修行为，承担制止责任；对已造成事实后果或者拒不改正的违法装修行为，承担及时报告责任。三是对装修行为，进行现场检查；对违法和违约的行为，应当要求装修人员和装修企业立即改正，并将检查记录存档。本案中，物业公司已经与业主签订了《住宅室内装饰装修管理服务协议》，在发现违规装修和违法建设行为后,及时地进行了制止并向相关部门报告。可见,物业公司已履行了相关物业管理职责,不存在加害行为。因此,本次事故中,物业公司不应承担责任。

## 法条链接

**《住宅室内装饰装修管理办法》**

**第十五条第一款** 物业管理单位应当将住宅室内装饰装修工程的禁止行为和注意事项告知装修人和装修人委托的装饰装修企业。

**第十七条** 物业管理单位应当按照住宅室内装饰装修管理服务协议实施管理,发现装修人或者装饰装修企业有本办法第五条行为的,或者未经有关部门批准实施本办法第六条所列行为的,或者有违反本办法第七条、第八条、第九条规定行为的,应当立即制止;已造成事实后果或者拒不改正的,应当及时报告有关部门依法处理。对装修人或者装饰装修企业违反住宅室内装饰装修管理服务协议的,追究违约责任。

**第三十条** 住宅室内装饰装修工程竣工后,装修人应当按照工程设计合同约定和相应的质量标准进行验收。验收合格后,装饰装修企业应当出具住宅室内装饰装修质量保修书。

物业管理单位应当按照装饰装修管理服务协议进行现场检查,对违反法律、法规和装饰装修管理服务协议的,应当要求装修人和装饰装修企业纠正,并将检查记录存档。

## 106. 高空抛物致车辆受损，物业公司应负赔偿责任吗？

### 现实案例

某小区业主将其所有的轿车停放在小区内公共停车位上，物业公司未收取该业主车位费及车位管理费。某日上午9时，业主上班时发现该轿车左前门、左A柱、车顶及挡风玻璃均不同程度受损，边上掉落有一大块水泥块，业主随即报警。派出所接警后，立即赶到现场处理，并出具处警证明，载明："经民警现场周边走访调查，未发现人为损坏证据，疑似高空墙体脱落造成。"几天后，业主修理案涉车辆花费5600元。事故发生后，业主在案涉楼栋楼顶发现有类似水泥块，后其与物业公司协商赔偿事宜未果，遂诉至法院。

庭审中业主、物业公司均陈述系人为高空抛物所致，高空墙体未存在脱落情形，结合案涉楼栋楼顶发现其他类似水泥块，且案涉楼顶未出现外墙脱落的事实，法院认定业主车辆受损为高空抛物造成，并判决物业公司对业主损失承担20%的赔偿责任。

物业公司应承担赔偿责任吗？

### 专家解答

结合案情，本案应属高空抛物引发的高空抛掷物、坠落物致害责任纠纷。依据《民法典》第一千二百五十四条第一款、第二款的规定，禁止从建筑物中抛掷物品。从建筑物中抛掷物品或者

285

从建筑物上坠落的物品造成他人损害的，由侵权人依法承担侵权责任；经调查难以确定具体侵权人的，除能够证明自己不是侵权人的外，由可能加害的建筑物使用人给予补偿。可能加害的建筑物使用人补偿后，有权向侵权人追偿。物业服务企业等建筑物管理人应当采取必要的安全保障措施防止前款规定情形的发生；未采取必要的安全保障措施的，应当依法承担未履行安全保障义务的侵权责任。

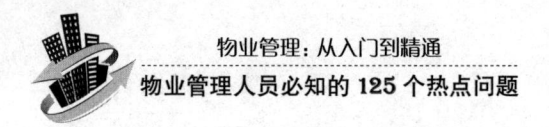

因业主、物业公司均认可业主车辆受损系人为高空抛物，涉案楼顶发现其他类似水泥块，而楼顶系物业公共部分，物业公司负有管理职责。物业公司未及时清理楼顶上的水泥块，未设置警示标志，对造成原告车辆受损负有一定的责任，应当依法承担未履行安全保障义务的侵权责任。当然，本案系他人直接侵权所致，应由其承担侵权责任。法院酌定物业公司承担 20% 的赔偿责任符合法律规定。

## 法条链接

**《中华人民共和国民法典》**

**第一千二百五十四条**　禁止从建筑物中抛掷物品。从建筑物中抛掷物品或者从建筑物上坠落的物品造成他人损害的，由侵权人依法承担侵权责任；经调查难以确定具体侵权人的，除能够证明自己不是侵权人的外，由可能加害的建筑物使用人给予补偿。可能加害的建筑物使用人补偿后，有权向侵权人追偿。

物业服务企业等建筑物管理人应当采取必要的安全保障措施防止前款规定情形的发生；未采取必要的安全保障措施的，应当依法

## 九、物业公司的公共安全责任

承担未履行安全保障义务的侵权责任。

发生本条第一款规定的情形的,公安等机关应当依法及时调查,查清责任人。

## 107. 电梯坠落伤人，应由物业公司还是电梯维保公司担责？

### 现实案例

某住宅小区的电梯自业主入住后连续使用7年却从未进行过中修、大修。某天早上7点左右，邓女士匆匆忙忙乘坐唯一一部运行的电梯去上班，电梯突然从八层坠落至二层，致其颈部脊髓损伤，经司法鉴定，构成九级伤残。有关部门组成事故调查组，经调查认定事故原因有：一是有木块掉进电梯导致电缆运行时被损坏，这是事故发生的直接原因。二是电梯公司（维保单位）未按规定对电梯进行维修保养，电梯多处部件存在故障没有得到及时修理，属于"带病"运行。邓女士与电梯公司（维保单位）及小区物业公司多次协商赔偿未果后，将两公司告上法庭，索赔各项损失50余万元。经查，电梯免费维保期过后，电梯厂家即现在的维保单位与物业公司订立了《电梯维保服务合同》，约定"有关电梯的维保服务及合同延期的付费方式等"。

电梯公司（维保单位）辩称，造成事故的原因是有木块掉进电梯导致电缆运行时被损坏，这是管理方的责任。此外，物业公司拖欠电梯维保费用，电梯公司无力长期免费维保，责任在物业公司。物业公司称："我公司事后已经本着对业主负责的态度，垫付了8万余元的医疗费。电梯坠落一方面是由于电梯公司未尽到责任，没做好养护造成的；另一方面，小区维修资金迟迟不能支取使用造成了电

## 九、物业公司的公共安全责任

梯没钱修理。"法院经审理认为,根据案件的具体事实及双方在事故中的过错责任大小,物业公司应承担65%的责任,电梯公司应承担35%的责任。本案中,电梯坠落伤人,损害赔偿责任应当如何分配?

### 专家解答

电梯属于特种设备。特种设备属于共有的,共有人可以委托物业服务单位或者其他管理人管理,受托人履行特种设备使用单位的义务,承担相应责任。特种设备使用单位及其主要负责人对其生产、经营、使用的特种设备安全负责。物业公司作为电梯使用单位,应对电梯的使用安全负责。电梯的维护保养单位应当对其维护保养的电梯的安全性能负责。未尽到相关职责的,依法承担侵权责任。

确定损害赔偿责任的大小和分配,可以从事故的原因入手。事故调查组给出了两个原因:一是有木块掉进电梯导致电缆运行时被损坏,这是事故发生的直接原因。二是电梯公司(维保单位)未按规定对电梯进行维修保养,电梯多处部件存在故障没有得到及时修理,属于"带病"运行。第一个原因应当归责于物业公司。物业公司对小区内的共用设施设备提供维修、养护服务,负有管理责任。住宅楼内电梯为物业小区内的共用设施设备。电梯内掉进木块导致电缆被损坏,致使业主乘用电梯时发生事故,物业公司存在过错,应当承担赔偿责任。第二个原因应当归责于电梯公司(维保单位)。电梯维保单位与物业公司订立了《电梯维保服务合同》,维保单位的义务和责任就是要通过对电梯的维修和养护,达到使电梯安全运行的目的。但是,维保单位的维护工作却不到位。物业公司不能按时支付维保费并不能成为维保单位的免责事由。综上,物业公司和

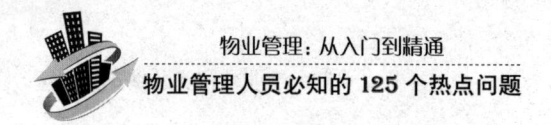

维保单位都应当承担损害赔偿责任，至于责任的分配当根据过错情况具体确定。

通过本案，建议物业公司加强对与维保单位之间的电梯维保合同的管理，量化电梯维修养护服务标准，并做好相关记录以备监督检查。量化电梯维修养护服务标准能够强化维保单位的责任意识，保证电梯运行安全。

## 法条链接

**《中华人民共和国民法典》**

**第一千一百七十一条** 二人以上分别实施侵权行为造成同一损害，每个人的侵权行为都足以造成全部损害的，行为人承担连带责任。

**第一千一百七十二条** 二人以上分别实施侵权行为造成同一损害，能够确定责任大小的，各自承担相应的责任；难以确定责任大小的，平均承担责任。

**第一千一百七十三条** 被侵权人对同一损害的发生或者扩大有过错的，可以减轻侵权人的责任。

**《中华人民共和国特种设备安全法》**

**第二条第二款** 本法所称特种设备，是指对人身和财产安全有较大危险性的锅炉、压力容器（含气瓶）、压力管道、电梯、起重机械、客运索道、大型游乐设施、场（厂）内专用机动车辆，以及法律、行政法规规定适用本法的其他特种设备。

**第十三条** 特种设备生产、经营、使用单位及其主要负责人对其生产、经营、使用的特种设备安全负责。

特种设备生产、经营、使用单位应当按照国家有关规定配备特种设备安全管理人员、检测人员和作业人员,并对其进行必要的安全教育和技能培训。

**第三十八条** 特种设备属于共有的,共有人可以委托物业服务单位或者其他管理人管理特种设备,受托人履行本法规定的特种设备使用单位的义务,承担相应责任。共有人未委托的,由共有人或者实际管理人履行管理义务,承担相应责任。

**第四十五条** 电梯的维护保养应当由电梯制造单位或者依照本法取得许可的安装、改造、修理单位进行。

电梯的维护保养单位应当在维护保养中严格执行安全技术规范的要求,保证其维护保养的电梯的安全性能,并负责落实现场安全防护措施,保证施工安全。

电梯的维护保养单位应当对其维护保养的电梯的安全性能负责;接到故障通知后,应当立即赶赴现场,并采取必要的应急救援措施。

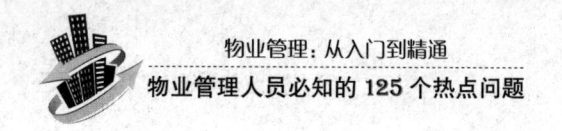

## 108. 物业公司应否允许业主调取监控录像？

### 现实案例

田先生的小轿车刚买了一年多，最近因为忙，车就放在小区里未曾开过。某天上午，田先生决定把自己的车擦洗一下，刚走到停车位却傻眼了，小轿车上从车门到车尾竟然有两道深深的划痕。"我想了一下也没和谁结怨啊，怎么会有人搞这样的恶作剧？"田先生很纳闷。有邻居告诉他，小区内装有监控，可以找物业公司调取一下监控录像。田先生找到物业公司，却被告知无权查看。"没有领导批准业主不能查看监控录像，连我们也不能看。"保安坦言。那么，业主能否调取监控录像查看相关情况呢？

### 专家解答

保安服务（秩序维护服务）是一项重要的物业服务内容。新近开发的物业项目，一般都配备了监控设施设备。物业公司通过监控设施设备辅助维护小区秩序。有的物业服务合同中直接约定，物业服务企业提供24小时电子监控服务。有些小区内部分监控探头还实现了与公安部门联网。《保安服务管理条例》规定，保安服务中形成的监控影像资料、报警记录，应当至少留存30日备查，保安从业单位和客户单位不得删改或者扩散。保安从业单位使用监控设备不得侵犯他人合法权益或者个人隐私；不得删改或者扩散保安服务中形成的监控影像资料、报警记录。由此可见，物业服务企业在

## 九、物业公司的公共安全责任

服务过程中,应当至少留存监控影像资料30日备查。

本案中,业主田先生因车辆被划损,要求物业公司调取相关监控录像,是维护自身合法权益,没有侵犯他人合法权益或者个人隐私,也没有扩散相关监控影像资料。要求物业公司留存监控影像资料目的之一就是备查。田先生的诉求当属备查范围。物业公司拒绝业主的合理请求是没有依据的。如果物业公司尚未建立调取查看监控影像资料的规章制度,业主田先生可通过公安部门协助调取。

### 法条链接

**《保安服务管理条例》**

**第二十五条** 保安服务中使用的技术防范产品,应当符合有关的产品质量要求。保安服务中安装监控设备应当遵守国家有关技术规范,使用监控设备不得侵犯他人合法权益或者个人隐私。

保安服务中形成的监控影像资料、报警记录,应当至少留存30日备查,保安从业单位和客户单位不得删改或者扩散。

**第四十二条** 保安从业单位有下列情形之一的,责令限期改正,给予警告;情节严重的,并处1万元以上5万元以下的罚款;有违法所得的,没收违法所得:

……

(七)未按照本条例的规定留存保安服务中形成的监控影像资料、报警记录的。

……

**第四十三条** 保安从业单位有下列情形之一的,责令限期改正,处2万元以上10万元以下的罚款;违反治安管理的,依法给

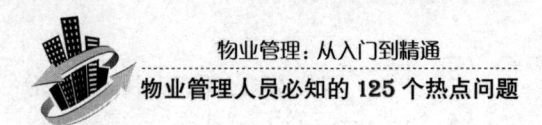

予治安管理处罚；构成犯罪的，依法追究直接负责的主管人员和其他直接责任人员的刑事责任：

……

（二）使用监控设备侵犯他人合法权益或者个人隐私的；

（三）删改或者扩散保安服务中形成的监控影像资料、报警记录的；

……

## 109. 物业公司保安检查、评论有关小区业主的监控录像，是否构成侵犯隐私权？

### ◆ 现实案例

某小区属高档商品房小区，各项配套设施齐全。物业公司为加强安全保障，在小区多处安装了监控摄像头，对小区部分区域实施24小时监控，物业公司还向相关部门进行了备案。8月26日晚，业主张某与其女友仇某在小区东侧围墙下拥抱、亲吻，恰好被监控设备摄录。按照物业公司管理规定，该监控设备存储时间为30日，存储期满录像将被删除。在删除已有监控录像之前，物业公司人员按要求每天要浏览、检查将被自动删除的录像。发现有异常情况的，相关人员应按要求将录像片段保存并向项目经理报告。

30日后，物业公司保安人员在检查、浏览监控录像时发现了张某与其女友仇某的拥抱、亲吻片段，遂对该视频片段进行评论。正在物业公司保安人员评论之时，张某与其女友仇某前去物业公司办事，仇某当即要求删除视频，随后该段视频被自动删除。仇某认为其与男友被保安人员揶揄、取笑，物业公司侵犯了他们的隐私权。仇某遂将小区物业公司诉至法院，要求法院判令被告物业公司拆除监控设备，赔礼道歉并赔偿其精神损失费2000元。本案中，物业公司保安人员的行为是否侵犯了张某与仇某的隐私权呢？

### 专家解答

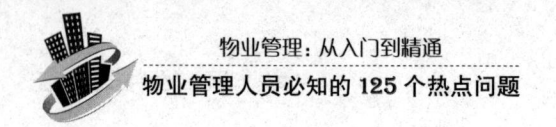

隐私权是指自然人享有的对其个人的，与公共利益、群体利益无关的个人信息、私人活动和私有领域进行支配的人格权。隐私保护是法律赋予自然人享有私人生活安宁与私人生活信息不受他人侵犯、知悉、使用、披露和公开的权利。私人生活，包括自然人的日常生活。从侵权方式来看，对隐私权的侵犯通常表现为将个人隐私事实由秘密变为公开。本案中，在小区安装监控设备是为了保证小区安全，维护全体业主的利益，并不违反有关规定。而且，物业公司已向有关部门备案。张某与仇某理应意识到他们在小区内拥抱、亲吻，完全有可能被他人看见或被监控录像拍摄到。张某与仇某的拥抱、亲吻，属于其私人生活的一部分，应当认定为隐私。但从本案来看，物业公司在小区内安装监控摄像头并非为专门摄录张某与仇某的私人生活。物业公司的保安人员获取张某与仇某的拥抱、亲吻的手段并不涉及违法，保安人员也并未将视频予以公开。张某与仇某理应意识到他们在小区内拥抱、亲吻视频未被保存，亦未被不当利用。因此，物业公司不构成对张某和仇某隐私权的侵害。

### 法条链接

**《中华人民共和国民法典》**

第一百一十条　自然人享有生命权、身体权、健康权、姓名权、肖像权、名誉权、荣誉权、隐私权、婚姻自主权等权利。

法人、非法人组织享有名称权、名誉权和荣誉权。

## 九、物业公司的公共安全责任

**第九百九十条** 人格权是民事主体享有的生命权、身体权、健康权、姓名权、名称权、肖像权、名誉权、荣誉权、隐私权等权利。

除前款规定的人格权外,自然人享有基于人身自由、人格尊严产生的其他人格权益。

**第一千零三十二条** 自然人享有隐私权。任何组织或者个人不得以刺探、侵扰、泄露、公开等方式侵害他人的隐私权。

隐私是自然人的私人生活安宁和不愿为他人知晓的私密空间、私密活动、私密信息。

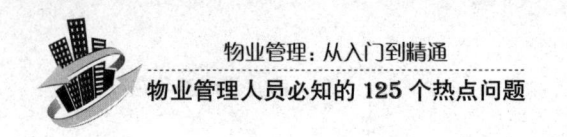

## 110. 热力管线破裂烫伤行人，供热单位和物业公司谁应当承担责任？

### 现实案例

某日上午11时左右，北京市某大厦保安员在巡视过程中发现大厦东侧栅栏墙外的人行道上冒出热气，立即向公司领导报告，因该处附近曾发生过热力跑水抢修事件，物业公司即派水工维修班长进行现场检查，目测推定为热力管道故障后，在中午12时左右向热力公司紧急报告。为避免发生意外，物业公司安排保安清走栅栏内停放的车辆。下午2时左右，热力公司工程车到达现场，采取了关闭闸门的措施。下午3时左右行人途经此处时，路面突然塌陷，导致行人坠入热水坑形成重伤。相关部门认定此次热力事故为一起安全生产责任事故。经查明：一、抢险单位热力公司到达现场后并未设置任何警戒措施。二、事故发生地点在公共人行道上，距大厦规划建筑红线以外11米，不在物业公司管理范围之内，但经调查组调查热力管线渗漏点在支管上，在物业公司的管理区域内。三、物业公司曾与热力公司签订管线维护合同，负责支管的维修、养护，保障管线的正常使用。那么，本案事故责任应当由谁承担，热力公司还是物业公司？

### 专家解答

热力管线破裂跑水是本次热力事故发生的主要原因，热力公司人员到达现场后未采取警戒措施是事故发生的直接原因。而热力管线破裂跑水又是因为热力管线年久失修。确定事故责任主体的关键在于明确热力管线的维修养护单位。

根据《物业管理条例》第五十一条第一款的规定,"供水、供电、供气、供热、通信、有线电视等单位,应当依法承担物业管理区域内相关管线和设施设备维修、养护的责任。"根据《北京市供热采暖管理办法》第三十六条第一项的规定,供热是指供热单位依靠稳定热源,通过管道系统有偿为用户提供采暖用热以及相关服务的行为。本案中,热力公司是供热单位,即便热力管线的渗漏点在物业公司管理区域内的相关热力支管上,热力公司仍然是热力管线的维修养护责任主体。

作为抢险部门,热力公司在事故发生接到报告后2小时才赶到现场,到达现场后又未设置任何警戒措施。根据《民法典》第一千二百五十八条第一款的规定,"在公共场所或者道路上挖掘、修缮安装地下设施等造成他人损害,施工人不能证明已经设置明显标志和采取安全措施的,应当承担侵权责任"。热力公司的救援迟缓和现场应急处置措施不到位,导致事故发生的概率增加,因此热力公司存在过错。

供热属于专业服务,不属于物业服务事项。供热单位可以委托物业公司代为收取相关费用,但供热单位并不能因此排除或分解其对相关管线和设施的维修养护责任。当然,由于物业公司曾与热力公司签订管线维护合同,负责支管的维修、养护,且热力管线渗漏点在支管上。因此,物业公司也应当承担一定责任。

综上,热力公司应当承担本次事故的主要赔偿责任,物业公司承担次要责任。

## 法条链接

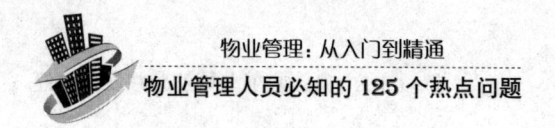

**《中华人民共和国民法典》**

**第一千二百五十八条第一款** 在公共场所或者道路上挖掘、修缮安装地下设施等造成他人损害，施工人不能证明已经设置明显标志和采取安全措施的，应当承担侵权责任。

**《物业管理条例》**

**第四十四条** 物业管理区域内，供水、供电、供气、供热、通信、有线电视等单位应当向最终用户收取有关费用。

物业服务企业接受委托代收前款费用的，不得向业主收取手续费等额外费用。

**第五十一条第一款** 供水、供电、供气、供热、通信、有线电视等单位，应当依法承担物业管理区域内相关管线和设施设备维修、养护的责任。

**《北京市供热采暖管理办法》**

**第三十六条** 本办法中有关用语的含义：

（一）供热是指供热单位依靠稳定热源，通过管道系统有偿为用户提供采暖用热以及相关服务的行为。

……

## 111. 火灾事故中，物业公司负什么消防安全责任？

### 现实案例

某小区发生火灾，张某发现火情后欲开门走消防楼梯往楼下逃生，但因楼道内弥漫大量浓烟无法正常通行，后其选择关门并借助床单跳窗逃生，在向下攀爬过程中不慎从高处坠落受伤，被送至医院住院治疗，经诊断为腰椎骨折、肋骨骨折、全身多处挫伤等，住院18天，共支付医疗费29000余元、护理费5000元。后明火被消防部门扑灭。

后消防部门查明，住在张某楼下的邻居兰某在入户门外的露台上堆放了鞋柜、玩具等杂物，并私自安装了不锈钢栅栏将其锁住，起火的地点即为此处。

之后，消防救援大队作出行政处罚决定书，载明该队对案涉小区进行了消防监督检查，发现业主兰某将杂物放置在安全疏散通道导致通道堵塞，小区高层室内消防栓无水、联动控制设备瘫痪停用，均违反了《消防法》的规定，故对兰某处以500元的罚款，对被告物业公司处以6450元的罚款。

其后，某司法鉴定中心作出《司法鉴定意见书》，鉴定意见为张某经手术治疗后的伤残等级为八级。

张某将物业公司、邻居兰某诉至法院，要求二被告承担其各项损失38万余元。

301

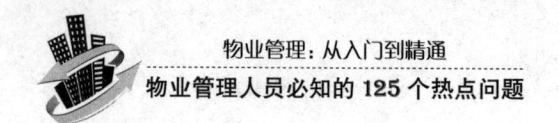

法院认为，兰某之过错与火灾事故发生存在因果关系，承担40%赔偿责任。物业公司存在管理失职，承担30%赔偿责任。张某逃生方式有所不当，应适当减轻被告的责任，自行承担30%的责任。判决：邻居兰某赔偿张某13万余元，物业公司赔偿9万余元。

### 专家解答

本案是一起因火灾引发的人身损害赔偿责任纠纷案件。本案的赔偿适用过错责任原则。

首先，被告兰某系小区业主，违反消防法律规定，在其入户门外的公共区域堆放杂物，并私自安装栅栏堵塞安全疏散通道，致使火灾的发生，存在明显过错。其过错与火灾事故的发生存在因果关系，应对事故发生承担相应的赔偿责任。

其次，小区高层室内消防栓无水、联动控制设备瘫痪停用，物业公司难辞其咎。物业公司负有及时消除火灾隐患的消防安全管理职责，其疏于履行管理职责，亦应对事故发生承担相应责任。

最后，关于原告张某有无过错。法院认为原告张某的逃生方式有所不当，应减轻被告责任。此观点有待商榷。笔者认为，火灾属突发紧急情况，对逃生之人认定其方式不当，有失公允。

### 法条链接

**《中华人民共和国民法典》**

**第一千一百六十五条** 行为人因过错侵害他人民事权益造成损害的，应当承担侵权责任。

依照法律规定推定行为人有过错，其不能证明自己没有过错的，应当承担侵权责任。

**第一千一百七十二条** 二人以上分别实施侵权行为造成同一损害，能够确定责任大小的，各自承担相应的责任；难以确定责任大小的，平均承担责任。

**第一千一百七十三条** 被侵权人对同一损害的发生或者扩大有过错的，可以减轻侵权人的责任。

**第一千一百七十九条** 侵害他人造成人身损害的，应当赔偿医疗费、护理费、交通费、营养费、住院伙食补助费等为治疗和康复支出的合理费用，以及因误工减少的收入。造成残疾的，还应当赔偿辅助器具费和残疾赔偿金；造成死亡的，还应当赔偿丧葬费和死亡赔偿金。

《中华人民共和国消防法》

**第五条** 任何单位和个人都有维护消防安全、保护消防设施、预防火灾、报告火警的义务。任何单位和成年人都有参加有组织的灭火工作的义务。

**第十八条** 同一建筑物由两个以上单位管理或者使用的，应当明确各方的消防安全责任，并确定责任人对共用的疏散通道、安全出口、建筑消防设施和消防车通道进行统一管理。

住宅区的物业服务企业应当对管理区域内的共用消防设施进行维护管理，提供消防安全防范服务。

# 十、物业公司的法律责任

## 112. 物业公司在办理物业承接验收手续时，不移交有关资料的，承担什么法律责任？

### 现实案例

2021年7月19日，某综合行政执法局对某物业公司未能提供完整的物业承接验收手续的相关资料行为予以立案调查。后行政执法局对该物业公司处以罚款人民币30000元。

### 专家解答

物业公司在办理物业承接验收手续时，不移交有关资料的，由县级以上地方人民政府房地产行政主管部门责令限期改正。如果物业公司逾期仍不移交有关资料，对其予以通报，处1万元以上10万元以下的罚款。

### 法条链接

**《物业管理条例》**

第二十九条　在办理物业承接验收手续时，建设单位应当向物业服务企业移交下列资料：

（一）竣工总平面图，单体建筑、结构、设备竣工图，配套设施、地下管网工程竣工图等竣工验收资料；

（二）设施设备的安装、使用和维护保养等技术资料；

（三）物业质量保修文件和物业使用说明文件；

（四）物业管理所必需的其他资料。

物业服务企业应当在前期物业服务合同终止时将上述资料移交给业主委员会。

**第五十八条** 违反本条例的规定，不移交有关资料的，由县级以上地方人民政府房地产行政主管部门责令限期改正；逾期仍不移交有关资料的，对建设单位、物业服务企业予以通报，处1万元以上10万元以下的罚款。

## 113. 物业公司将一个物业管理区域内的全部物业管理一并委托给他人的，承担什么法律责任？

### 现实案例

某物业公司在管理某大厦物业项目中，将物业管理区域内的全部物业管理一并委托给他人。该物业公司违反了《物业管理条例》第三十九条之规定。住房和城乡建设委员会依据《物业管理条例》第五十九条的规定，对该物业公司处委托合同价款30%的罚款，即1417625.82元的罚款。

### 专家解答

物业服务企业可以外包一些专业服务给专业性服务企业，如保安服务、保洁服务、绿化服务、电梯维保服务等。但法律法规禁止转包行为，即将一个物业项目的全部物业管理业务一并委托给他人。

物业公司有此违法违规行为的，由县级以上地方人民政府房地产行政主管部门责令限期改正，处委托合同价款30%以上50%以下的罚款。委托所得收益，用于物业管理区域内物业共用部位、共用设施设备的维修、养护，剩余部分按照业主大会的决定使用；给业主造成损失的，依法承担赔偿责任。

## 十、物业公司的法律责任

### 法条链接

《物业管理条例》

第三十九条　物业服务企业可以将物业管理区域内的专项服务业务委托给专业性服务企业,但不得将该区域内的全部物业管理一并委托给他人。

第五十九条　违反本条例的规定,物业服务企业将一个物业管理区域内的全部物业管理一并委托给他人的,由县级以上地方人民政府房地产行政主管部门责令限期改正,处委托合同价款30%以上50%以下的罚款。委托所得收益,用于物业管理区域内物业共用部位、共用设施设备的维修、养护,剩余部分按照业主大会的决定使用;给业主造成损失的,依法承担赔偿责任。

## 114. 物业公司挪用专项维修资金的，承担什么法律责任？

### 现实案例

某物业公司收取小区业主的专项维修资金共计224303.72元，未按规定归缴至房地产行政主管部门指定专用账户，涉嫌违法挪用。住房和城乡建设局依据《物业管理条例》第六十条的规定，对该物业公司实施下列行政处罚：（1）限7日内将挪用的物业专项维修资金224303.72元缴存至市房地产行政主管部门指定专用账户；（2）给予警告；（3）没收违法所得32780元；（4）处以罚款224303.72元。

### 专家解答

专项维修资金属于业主所有，专项用于保修期满后共用部位和共用设施设备的维修、更新、改造，物业公司不得据为己有，也不得挪作他用。

物业公司挪用专项维修资金的，由县级以上地方人民政府房地产行政主管部门追回挪用的专项维修资金，给予警告，没收违法所得，可以并处挪用数额2倍以下的罚款；构成犯罪的，依法追究直接负责的主管人员和其他直接责任人员的刑事责任。

## 十、物业公司的法律责任

🏷 **法条链接**

**《物业管理条例》**

第五十三条　住宅物业、住宅小区内的非住宅物业或者与单幢住宅楼结构相连的非住宅物业的业主，应当按照国家有关规定交纳专项维修资金。

专项维修资金属于业主所有，专项用于物业保修期满后物业共用部位、共用设施设备的维修和更新、改造，不得挪作他用。

专项维修资金收取、使用、管理的办法由国务院建设行政主管部门会同国务院财政部门制定。

第六十条　违反本条例的规定，挪用专项维修资金的，由县级以上地方人民政府房地产行政主管部门追回挪用的专项维修资金，给予警告，没收违法所得，可以并处挪用数额 2 倍以下的罚款；构成犯罪的，依法追究直接负责的主管人员和其他直接责任人员的刑事责任。

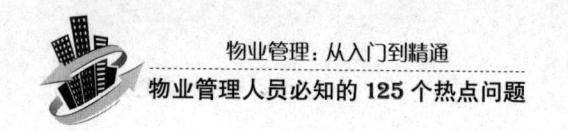

## 115. 未经业主大会同意，物业公司擅自改变物业管理用房用途的，承担什么法律责任？

### 现实案例

2022年8月23日，某住房和建设委员会收到某小区居民的投诉，反映物业管理用房被物业公司改作他用。经核实发现：该小区的物业公司未经业主大会同意擅自将物业管理用房的用途改为小卖部。住房和建设委员会对物业公司处罚款3万元。

### 专家解答

《物业管理条例》明确了物业管理用房的所有权属于业主。物业管理用房一般用于物业公司办公、业主大会和业主委员会办公，不能他用。

未经业主大会同意，物业公司擅自改变物业管理用房的用途的，由县级以上地方人民政府房地产行政主管部门责令限期改正，给予警告，并处1万元以上10万元以下的罚款；有收益的，所得收益用于物业管理区域内物业共用部位、共用设施设备的维修、养护，剩余部分按照业主大会的决定使用。

### 法条链接

**《物业管理条例》**

**第三十七条** 物业管理用房的所有权依法属于业主。未经业主

# 十、物业公司的法律责任

大会同意,物业服务企业不得改变物业管理用房的用途。

**第六十二条** 违反本条例的规定,未经业主大会同意,物业服务企业擅自改变物业管理用房的用途的,由县级以上地方人民政府房地产行政主管部门责令限期改正,给予警告,并处1万元以上10万元以下的罚款;有收益的,所得收益用于物业管理区域内物业共用部位、共用设施设备的维修、养护,剩余部分按照业主大会的决定使用。

## 116. 物业公司擅自改变物业管理区域内按照规划建设的共用设施用途的，承担什么法律责任？

### 现实案例

某小区物业公司未经法定程序擅自改变物业管理区域内按照规划建设的共用设施用途，将一处按规划建设的自行车棚拆除改造修建成了高档汽车库。综合行政执法局依据《物业管理条例》第四十九条第一款，第六十三条第一款第一项、第二款之规定，责令物业公司限期恢复原状，给予警告，并处7万元罚款。

### 专家解答

按照规划建设的公共建筑和共用设施，如楼梯、大堂、消防、公共照明、避难层、设备间、公共绿地等，应当按照规划用途使用，而不得擅自改变用途。擅自改变的，由县级以上地方人民政府房地产行政主管部门责令限期改正，给予警告，并按照有关法律的规定处以罚款；所得收益，用于物业管理区域内物业共用部位、共用设施设备的维修、养护，剩余部分按照业主大会的决定使用。

### 法条链接

《物业管理条例》

**第四十九条** 物业管理区域内按照规划建设的公共建筑和共用

## 十、物业公司的法律责任

设施,不得改变用途。

业主依法确需改变公共建筑和共用设施用途的,应当在依法办理有关手续后告知物业服务企业;物业服务企业确需改变公共建筑和共用设施用途的,应当提请业主大会讨论决定同意后,由业主依法办理有关手续。

**第六十三条** 违反本条例的规定,有下列行为之一的,由县级以上地方人民政府房地产行政主管部门责令限期改正,给予警告,并按照本条第二款的规定处以罚款;所得收益,用于物业管理区域内物业共用部位、共用设施设备的维修、养护,剩余部分按照业主大会的决定使用:

(一)擅自改变物业管理区域内按照规划建设的公共建筑和共用设施用途的;

(二)擅自占用、挖掘物业管理区域内道路、场地,损害业主共同利益的;

(三)擅自利用物业共用部位、共用设施设备进行经营的。

个人有前款规定行为之一的,处1000元以上1万元以下的罚款;单位有前款规定行为之一的,处5万元以上20万元以下的罚款。

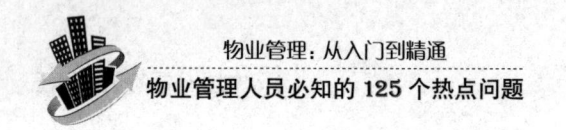

## 117. 物业公司擅自占用物业管理区域内场地，损害业主共同利益的，承担什么法律责任？

### 现实案例

某综合行政执法队接到某小区居民反映，该小区空地上新搭建了一个垃圾厢房，涉嫌违法建设，希望尽快拆除。经调查，该房屋是小区物业公司为方便清运建筑垃圾，在既未征得业主委员会同意，也没有相关部门审批许可的情况下，占用小区内场地擅自搭建的垃圾厢房。行政执法队责令物业公司一周内完成整改，对物业公司给予警告，并处罚款5万元。

### 专家解答

物业公司擅自占用、挖掘物业管理区域内道路、场地，损害业主共同利益的，由县级以上地方人民政府房地产行政主管部门责令限期改正，给予警告，并按照有关法律的规定处以罚款；所得收益，用于物业管理区域内物业共用部位、共用设施设备的维修、养护，剩余部分按照业主大会的决定使用。

### 法条链接

《物业管理条例》

第五十条　业主、物业服务企业不得擅自占用、挖掘物业管理

## 十、物业公司的法律责任

区域内的道路、场地,损害业主的共同利益。

因维修物业或者公共利益,业主确需临时占用、挖掘道路、场地的,应当征得业主委员会和物业服务企业的同意;物业服务企业确需临时占用、挖掘道路、场地的,应当征得业主委员会的同意。

业主、物业服务企业应当将临时占用、挖掘的道路、场地,在约定期限内恢复原状。

**第六十三条** 违反本条例的规定,有下列行为之一的,由县级以上地方人民政府房地产行政主管部门责令限期改正,给予警告,并按照本条第二款的规定处以罚款;所得收益,用于物业管理区域内物业共用部位、共用设施设备的维修、养护,剩余部分按照业主大会的决定使用:

(一)擅自改变物业管理区域内按照规划建设的公共建筑和共用设施用途的;

(二)擅自占用、挖掘物业管理区域内道路、场地,损害业主共同利益的;

(三)擅自利用物业共用部位、共用设施设备进行经营的。

个人有前款规定行为之一的,处1000元以上1万元以下的罚款;单位有前款规定行为之一的,处5万元以上20万元以下的罚款。

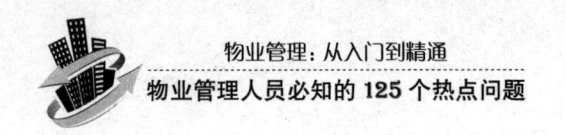

## 118. 物业公司擅自利用物业共用部位、共用设施设备进行经营的，承担什么法律责任？

### 现实案例

某小区物业公司，在未征求相关业主同意的情况下，擅自将该小区的 60 部电梯轿厢租赁给 A 公司设置媒体、刊发广告，每部电梯轿厢的年租金为 300 元，租赁费用共计为 18000 元，涉嫌存在擅自利用小区的物业共用部位、共用设施设备进行经营的违法行为。城市管理行政执法局依法对该物业公司处以警告和罚款 5.5 万元的行政处罚。

### 专家解答

较常见的利用物业共用部位、共用设施设备进行经营的行为包括：利用电梯、场地做广告，出租设备层等。利用物业共用部位、共用设施设备进行经营应当征得相关业主、业主大会、物业服务企业的同意，还应当按规定办理有关手续。否则，就构成擅自利用物业共用部位、共用设施设备进行经营的违法违规行为。

物业公司擅自利用物业共用部位、共用设施设备进行经营的，由县级以上地方人民政府房地产行政主管部门责令限期改正，给予警告，并按照有关法律的规定处以罚款；所得收益，用于物业管理区域内物业共用部位、共用设施设备的维修、养护，剩余部分按照业主大会的决定使用。

## 法条链接

**《物业管理条例》**

**第五十四条** 利用物业共用部位、共用设施设备进行经营的,应当在征得相关业主、业主大会、物业服务企业的同意后,按照规定办理有关手续。业主所得收益应当主要用于补充专项维修资金,也可以按照业主大会的决定使用。

**第六十三条** 违反本条例的规定,有下列行为之一的,由县级以上地方人民政府房地产行政主管部门责令限期改正,给予警告,并按照本条第二款的规定处以罚款;所得收益,用于物业管理区域内物业共用部位、共用设施设备的维修、养护,剩余部分按照业主大会的决定使用:

(一)擅自改变物业管理区域内按照规划建设的公共建筑和共用设施用途的;

(二)擅自占用、挖掘物业管理区域内道路、场地,损害业主共同利益的;

(三)擅自利用物业共用部位、共用设施设备进行经营的。

个人有前款规定行为之一的,处1000元以上1万元以下的罚款;单位有前款规定行为之一的,处5万元以上20万元以下的罚款。

# 119. 物业公司不配合法院调查取证等工作的，承担什么法律责任？

### 现实案例

某法院执行局在执行某合同纠纷案时，因债务人张某（别墅小区业主）拒不履行生效法律文书所确定的义务，法院拟对张某名下别墅进行强制执行。执行人员前往该小区开展执行工作时发现门牌与房地产登记信息的门牌不相符，于是前往小区物业公司调查取证。执行人员按规定出示证件后，物业公司工作人员以"公司规定"为由，拒不协助配合法院执行人员前往张某名下房产的实际所在地。随后，物业公司称执行人员的工作证和执行公务证"无法核实真实性"，要求法院再行出具介绍信。为保证执行工作顺利进行，执行人员遂返回法院领取介绍信。法院执行人员出具法院的介绍信后，物业公司依然不予配合。

法院依照《民事诉讼法》对物业公司罚款10万元。

### 专家解答

物业公司有秩序维护义务、安全保障义务，这些义务针对的应当是法律规定及物业服务合同约定的违法违规行为。而法院调查被执行人房屋属于合法行为，有协助调查义务的单位应当配合。法院要求物业公司配合的，物业公司应当给予配合、协助。

## 法条链接

《中华人民共和国民事诉讼法》

第一百一十七条 有义务协助调查、执行的单位有下列行为之一的,人民法院除责令其履行协助义务外,并可以予以罚款:

(一)有关单位拒绝或者妨碍人民法院调查取证的;

(二)有关单位接到人民法院协助执行通知书后,拒不协助查询、扣押、冻结、划拨、变价财产的;

(三)有关单位接到人民法院协助执行通知书后,拒不协助扣留被执行人的收入、办理有关财产权证照转移手续、转交有关票证、证照或者其他财产的;

(四)其他拒绝协助执行的。

人民法院对有前款规定的行为之一的单位,可以对其主要负责人或者直接责任人员予以罚款;对仍不履行协助义务的,可以予以拘留;并可以向监察机关或者有关机关提出予以纪律处分的司法建议。

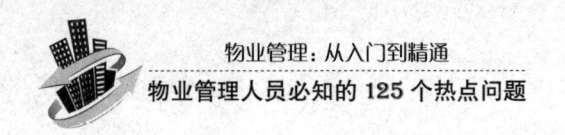

## 120. 物业公司删改保安服务中形成的监控影像资料、报警记录的，承担什么法律责任？

### 现实案例

某公安分局依法对辖区居民小区物业公司治安防控工作进行全面检查，发现某小区的物业公司以资金短缺、审批资金没到位等理由不按规定存储视频资料，删改保安服务中形成的监控影像资料、报警记录。

结合该物业公司所属小区近期发生治安案情后，缺少有效视频图像的情况，公安分局对该物业公司的负责人进行了批评，并对该物业公司依法处以罚款2万元，同时责令该物业公司限期进行整改。

### 专家解答

保安服务中形成的监控影像资料、报警记录，应当至少留存30日备查，保安从业单位和客户单位、保安员都不得删改或者扩散。

物业服务企业删改保安服务中形成的监控影像资料、报警记录的，责令限期改正，处2万元以上10万元以下的罚款；违反治安管理的，依法给予治安管理处罚；构成犯罪的，依法追究直接负责的主管人员和其他直接责任人员的刑事责任。

保安员删改保安服务中形成的监控影像资料、报警记录的，由公安机关予以训诫；情节严重的，吊销其保安员证；违反治安管理

## 十、物业公司的法律责任

的，依法给予治安管理处罚；构成犯罪的，依法追究刑事责任。

### 法条链接

**《保安服务管理条例》**

**第二十五条第二款** 保安服务中形成的监控影像资料、报警记录，应当至少留存30日备查，保安从业单位和客户单位不得删改或者扩散。

**第三十条** 保安员不得有下列行为：

（一）限制他人人身自由、搜查他人身体或者侮辱、殴打他人；

（二）扣押、没收他人证件、财物；

（三）阻碍依法执行公务；

（四）参与追索债务、采用暴力或者以暴力相威胁的手段处置纠纷；

（五）删改或者扩散保安服务中形成的监控影像资料、报警记录；

（六）侵犯个人隐私或者泄露在保安服务中获知的国家秘密、商业秘密以及客户单位明确要求保密的信息；

（七）违反法律、行政法规的其他行为。

**第四十三条第一款** 保安从业单位有下列情形之一的，责令限期改正，处2万元以上10万元以下的罚款；违反治安管理的，依法给予治安管理处罚；构成犯罪的，依法追究直接负责的主管人员和其他直接责任人员的刑事责任：

……

（三）删改或者扩散保安服务中形成的监控影像资料、报警记录的；

……

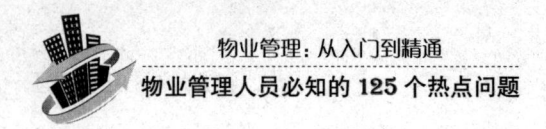

**第四十五条第一款** 保安员有下列行为之一的,由公安机关予以训诫;情节严重的,吊销其保安员证;违反治安管理的,依法给予治安管理处罚;构成犯罪的,依法追究刑事责任:

……

(五)删改或者扩散保安服务中形成的监控影像资料、报警记录的;

……

十、物业公司的法律责任

## 121. 物业公司使用未取得相应资格的人员从事特种设备作业的，承担什么法律责任？

### 现实案例

2017年起，某产权单位登记使用的一台承压热水锅炉交由某物业公司管理使用，但市场监督管理局执法人员在检查中发现，物业公司涉嫌使用未取得相应资格的人员从事特种设备安全管理和作业。市场监督管理局遂向该物业公司送达了《特种设备安全监察指令书》责令当事人限期改正。事后，市场监督管理局再次对该承压热水锅炉进行检查时，发现该物业公司逾期未改正。

市场监督管理局责令该物业公司停止使用有关特种设备，并依《特种设备安全法》对其处以1万元罚款。

### 专家解答

特种设备安全管理员、检测人员和作业人员应当按照国家有关规定取得相应资格，方可从事相关工作。使用未取得相应资格的人员从事特种设备安全管理、检测和作业的，责令限期改正；逾期未改正的，责令停止使用有关特种设备或者停产停业整顿，处1万元以上5万元以下罚款。

## 法条链接

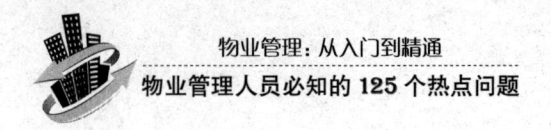

**《中华人民共和国特种设备安全法》**

第十四条　特种设备安全管理人员、检测人员和作业人员应当按照国家有关规定取得相应资格，方可从事相关工作。特种设备安全管理人员、检测人员和作业人员应当严格执行安全技术规范和管理制度，保证特种设备安全。

第八十六条　违反本法规定，特种设备生产、经营、使用单位有下列情形之一的，责令限期改正；逾期未改正的，责令停止使用有关特种设备或者停产停业整顿，处一万元以上五万元以下罚款：

（一）未配备具有相应资格的特种设备安全管理人员、检测人员和作业人员的；

（二）使用未取得相应资格的人员从事特种设备安全管理、检测和作业的；

（三）未对特种设备安全管理人员、检测人员和作业人员进行安全教育和技能培训的。

十、物业公司的法律责任

## 122. 物业公司发现装修人有违反有关装饰装修规定的行为，不及时向有关部门报告的，承担什么法律责任？

### 现实案例

某物业公司是某小区的物业服务单位。该物业公司在发现小区某房屋装修人在其住宅室内装饰装修活动中违反《住宅室内装饰装修管理办法》第五条第一款第五项规定，将房屋两边的采光井拆除，影响建筑结构和使用安全的行为后，在对该装修人制止后其拒不改正且已造成事实后果的情况下，未及时向住房和城乡建设委员会报告。住房和城乡建设委员会认为该物业公司的上述行为违反了《住宅室内装饰装修管理办法》第十七条之规定。住房和城乡建设委员会对物业公司处罚如下：给予警告，罚款7980元。

### 专家解答

装修人或者装饰装修企业在装修过程中拆改承重墙，擅自改动卫生间、厨房间防水层，超过设计标准或者规范增加楼面荷载等行为，均属违反有关装饰装修规定的行为。对于装修人或者装饰装修企业的这些行为，物业公司如果不及时向有关部门报告的，也属违法。物业公司有此违法行为的，由房地产行政主管部门给予警告，可处装饰装修管理服务协议约定的装饰装修管理服务费2至3倍的罚款。

## 法条链接

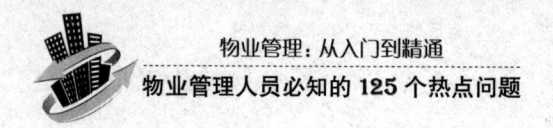

**《住宅室内装饰装修管理办法》**

第十七条　物业管理单位应当按照住宅室内装饰装修管理服务协议实施管理，发现装修人或者装饰装修企业有本办法第五条行为的，或者未经有关部门批准实施本办法第六条所列行为的，或者有违反本办法第七条、第八条、第九条规定行为的，应当立即制止；已造成事实后果或者拒不改正的，应当及时报告有关部门依法处理。对装修人或者装饰装修企业违反住宅室内装饰装修管理服务协议的，追究违约责任。

第四十二条　物业管理单位发现装修人或者装饰装修企业有违反本办法规定的行为不及时向有关部门报告的，由房地产行政主管部门给予警告，可处装饰装修管理服务协议约定的装饰装修管理服务费2至3倍的罚款。

十、物业公司的法律责任

## 123. 物业公司对招投标违法行为承担什么法律责任？

**现实案例**

某物业公司在参加政府采购中心组织的"某某物业服务采购项目"政府采购活动中，经评标委员会评审确定为中标供应商。经查，该单位在投标文件中提供的部分合同属于虚假材料。

事后，财政局对该物业公司作出如下处理决定：

1. 处以采购金额千分之五的罚款，共计人民币3万余元；
2. 列入不良行为记录名单，在一年内禁止参加政府采购活动。

**专家解答**

招标、投标是非常严肃的活动，尤其涉及政府采购项目，从程序到实体都有严格的要求。严禁投标人有如下行为：提供虚假材料谋取中标；采取不正当手段诋毁、排挤其他投标人；与招标采购单位、其他投标人恶意串通的；向招标采购单位行贿或者提供其他不正当利益的；在招标过程中与招标采购单位进行协商谈判、不按照招标文件和中标供应商的投标文件订立合同，或者与采购人另行订立背离合同实质性内容的协议的；拒绝有关部门监督检查或者提供虚假情况的。

本案中，物业公司为了中标提供了虚假的合同，被查实后，不但中标结果无效，还会被处以罚款，一年内禁止参加政府采购活动。

329

## 法条链接

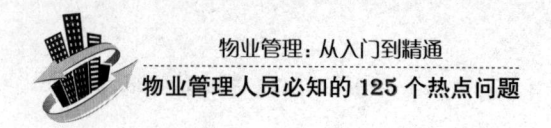

**《中华人民共和国政府采购法》**

**第七十七条** 供应商有下列情形之一的,处以采购金额千分之五以上千分之十以下的罚款,列入不良行为记录名单,在一至三年内禁止参加政府采购活动,有违法所得的,并处没收违法所得,情节严重的,由工商行政管理机关吊销营业执照;构成犯罪的,依法追究刑事责任:

(一)提供虚假材料谋取中标、成交的;

……

供应商有前款第(一)至(五)项情形之一的,中标、成交无效。

## 124. 物业公司保安员无证上岗，承担什么法律责任？

**现实案例**

某区民警在日常走访中发现，某小区的保安员没有上岗证。随机问了两个门岗保安员，结果两个人都没有证，民警就去找了他们所在的物业公司。在调查清楚情况后，公安机关根据《保安服务管理条例》，对这家物业公司处以1万元行政处罚。

**专家解答**

根据《保安服务管理条例》的规定，保安员从事保安服务工作，必须取得保安员证。相关人员只有经公安机关考试、审查合格并留存指纹等人体生物信息后才可以取得保安员证。

而且，有些人员被禁止担任保安员，如曾被收容教育、强制隔离戒毒、劳动教养或者3次以上行政拘留的；曾因故意犯罪被刑事处罚的；被吊销保安员证未满3年的；曾两次被吊销保安员证的。

保安从业单位招用不符合法规规定条件的人员担任保安员，如无证上岗的保安员，将面临被"责令限期改正，给予警告；情节严重的，并处1万元以上5万元以下的罚款；有违法所得的，没收违法所得"等行政处罚。

本案中，物业公司的保安员属于无证上岗的情况，已经违反了《保安服务管理条例》。

## 法条链接

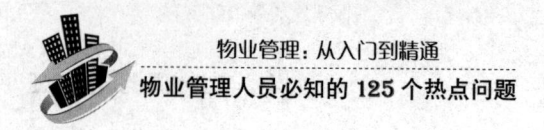

《保安服务管理条例》

第十六条 年满 18 周岁，身体健康，品行良好，具有初中以上学历的中国公民可以申领保安员证，从事保安服务工作。申请人经设区的市级人民政府公安机关考试、审查合格并留存指纹等人体生物信息的，发给保安员证。

提取、留存保安员指纹等人体生物信息的具体办法，由国务院公安部门规定。

第四十二条 保安从业单位有下列情形之一的，责令限期改正，给予警告；情节严重的，并处 1 万元以上 5 万元以下的罚款；有违法所得的，没收违法所得：

……

（四）招用不符合本条例规定条件的人员担任保安员的；

……

十、物业公司的法律责任

## 125. 物业公司不履行消防安全管理职责，承担什么法律责任？

**现实案例**

某商住楼一住户发生火灾，起火建筑为一栋17层的住宅楼，1层至3层为商铺，4层以上为住宅。起火部位在16层。消防救援机构派出12辆消防车、50余名消防员救火，据报警人和街坊称有人员被困。

到场后他们马上分成灭火组和搜救组，灭火组到16层准备利用室内消防栓出水灭火，却发现消防栓没有水，灭火行动被迫中断。消防指挥员一方面迅速叫人联系物业公司工作人员了解并处理故障问题，另一方面赶快采取第二套方案，沿楼梯和窗口从1层向16层垂直铺设水带，重新组织两条干线灭火。经过消防人员的检查和处理，发现竟是物业公司不按规定操作，关闭了消防水泵阀门，导致消防栓无法出水，白白浪费了十余分钟的救火时间。

大火扑灭后，经调查发现，起火建筑的物业公司擅自停用消防设施，导致救火过程中室内消防栓无法及时出水，严重影响了灭火救援行动的开展。应急管理局对该商住楼的物业公司依法罚款5万元。

**专家解答**

物业服务企业按照法律规定以及物业服务合同约定为物业项目

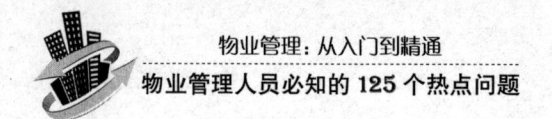

全体业主提供消防安全防范服务。该项服务涉及安全问题，国家法律对消防违法违规行为都规定了对应的行政处罚，如本案中，物业服务企业违法停用消防设施设备，就触犯了安全红线。

按照《消防法》的规定，物业服务企业的行为属于"擅自停用消防设施、器材的"违法行为。行政机关依法可以责令改正，处 5000 元以上 5 万元以下罚款。本案中，应急管理局对物业公司处以最高的 5 万元罚款有法律依据。

## 法条链接

**《中华人民共和国消防法》**

**第十八条** 同一建筑物由两个以上单位管理或者使用的，应当明确各方的消防安全责任，并确定责任人对共用的疏散通道、安全出口、建筑消防设施和消防车通道进行统一管理。

住宅区的物业服务企业应当对管理区域内的共用消防设施进行维护管理，提供消防安全防范服务。

**第六十条** 单位违反本法规定，有下列行为之一的，责令改正，处五千元以上五万元以下罚款：

（一）消防设施、器材或者消防安全标志的配置、设置不符合国家标准、行业标准，或者未保持完好有效的；

（二）损坏、挪用或者擅自拆除、停用消防设施、器材的；

（三）占用、堵塞、封闭疏散通道、安全出口或者有其他妨碍安全疏散行为的；

（四）埋压、圈占、遮挡消火栓或者占用防火间距的；

（五）占用、堵塞、封闭消防车通道，妨碍消防车通行的；

（六）人员密集场所在门窗上设置影响逃生和灭火救援的障碍物的；

（七）对火灾隐患经消防救援机构通知后不及时采取措施消除的。

个人有前款第二项、第三项、第四项、第五项行为之一的，处警告或者五百元以下罚款。

有本条第一款第三项、第四项、第五项、第六项行为，经责令改正拒不改正的，强制执行，所需费用由违法行为人承担。

附 录

# 《中华人民共和国民法典》(节录)

## 第二编　物权

### 第六章　业主的建筑物区分所有权

**第二百七十一条**　业主对建筑物内的住宅、经营性用房等专有部分享有所有权,对专有部分以外的共有部分享有共有和共同管理的权利。

**第二百七十二条**　业主对其建筑物专有部分享有占有、使用、收益和处分的权利。业主行使权利不得危及建筑物的安全,不得损害其他业主的合法权益。

**第二百七十三条**　业主对建筑物专有部分以外的共有部分,享有权利,承担义务;不得以放弃权利为由不履行义务。

业主转让建筑物内的住宅、经营性用房,其对共有部分享有的共有和共同管理的权利一并转让。

**第二百七十四条**　建筑区划内的道路,属于业主共有,但是属于城镇公共道路的除外。建筑区划内的绿地,属于业主共有,但是属于城镇公共绿地或者明示属于个人的除外。建筑区划内的其他公共场所、公用设施和物业服务用房,属于业主共有。

**第二百七十五条**　建筑区划内,规划用于停放汽车的车位、车库的归属,由当事人通过出售、附赠或者出租等方式约定。

占用业主共有的道路或者其他场地用于停放汽车的车位,属于业主共有。

**第二百七十六条** 建筑区划内，规划用于停放汽车的车位、车库应当首先满足业主的需要。

**第二百七十七条** 业主可以设立业主大会，选举业主委员会。业主大会、业主委员会成立的具体条件和程序，依照法律、法规的规定。

地方人民政府有关部门、居民委员会应当对设立业主大会和选举业主委员会给予指导和协助。

**第二百七十八条** 下列事项由业主共同决定：

（一）制定和修改业主大会议事规则；

（二）制定和修改管理规约；

（三）选举业主委员会或者更换业主委员会成员；

（四）选聘和解聘物业服务企业或者其他管理人；

（五）使用建筑物及其附属设施的维修资金；

（六）筹集建筑物及其附属设施的维修资金；

（七）改建、重建建筑物及其附属设施；

（八）改变共有部分的用途或者利用共有部分从事经营活动；

（九）有关共有和共同管理权利的其他重大事项。

业主共同决定事项，应当由专有部分面积占比三分之二以上的业主且人数占比三分之二以上的业主参与表决。决定前款第六项至第八项规定的事项，应当经参与表决专有部分面积四分之三以上的业主且参与表决人数四分之三以上的业主同意。决定前款其他事项，应当经参与表决专有部分面积过半数的业主且参与表决人数过半数的业主同意。

**第二百七十九条** 业主不得违反法律、法规以及管理规约，将

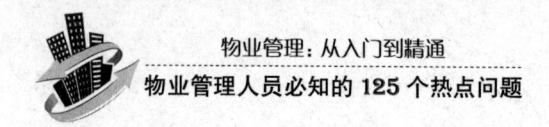

住宅改变为经营性用房。业主将住宅改变为经营性用房的，除遵守法律、法规以及管理规约外，应当经有利害关系的业主一致同意。

**第二百八十条** 业主大会或者业主委员会的决定，对业主具有法律约束力。

业主大会或者业主委员会作出的决定侵害业主合法权益的，受侵害的业主可以请求人民法院予以撤销。

**第二百八十一条** 建筑物及其附属设施的维修资金，属于业主共有。经业主共同决定，可以用于电梯、屋顶、外墙、无障碍设施等共有部分的维修、更新和改造。建筑物及其附属设施的维修资金的筹集、使用情况应当定期公布。

紧急情况下需要维修建筑物及其附属设施的，业主大会或者业主委员会可以依法申请使用建筑物及其附属设施的维修资金。

**第二百八十二条** 建设单位、物业服务企业或者其他管理人等利用业主的共有部分产生的收入，在扣除合理成本之后，属于业主共有。

**第二百八十三条** 建筑物及其附属设施的费用分摊、收益分配等事项，有约定的，按照约定；没有约定或者约定不明确的，按照业主专有部分面积所占比例确定。

**第二百八十四条** 业主可以自行管理建筑物及其附属设施，也可以委托物业服务企业或者其他管理人管理。

对建设单位聘请的物业服务企业或者其他管理人，业主有权依法更换。

**第二百八十五条** 物业服务企业或者其他管理人根据业主的委托，依照本法第三编有关物业服务合同的规定管理建筑区划内的建筑物及其附属设施，接受业主的监督，并及时答复业主对物业服务情况提出的询问。

物业服务企业或者其他管理人应当执行政府依法实施的应急处置措施和其他管理措施,积极配合开展相关工作。

**第二百八十六条** 业主应当遵守法律、法规以及管理规约,相关行为应当符合节约资源、保护生态环境的要求。对于物业服务企业或者其他管理人执行政府依法实施的应急处置措施和其他管理措施,业主应当依法予以配合。

业主大会或者业主委员会,对任意弃置垃圾、排放污染物或者噪声、违反规定饲养动物、违章搭建、侵占通道、拒付物业费等损害他人合法权益的行为,有权依照法律、法规以及管理规约,请求行为人停止侵害、排除妨碍、消除危险、恢复原状、赔偿损失。

业主或者其他行为人拒不履行相关义务的,有关当事人可以向有关行政主管部门报告或者投诉,有关行政主管部门应当依法处理。

**第二百八十七条** 业主对建设单位、物业服务企业或者其他管理人以及其他业主侵害自己合法权益的行为,有权请求其承担民事责任。

## 第七章 相邻关系

**第二百八十八条** 不动产的相邻权利人应当按照有利生产、方便生活、团结互助、公平合理的原则,正确处理相邻关系。

**第二百八十九条** 法律、法规对处理相邻关系有规定的,依照其规定;法律、法规没有规定的,可以按照当地习惯。

**第二百九十条** 不动产权利人应当为相邻权利人用水、排水提供必要的便利。

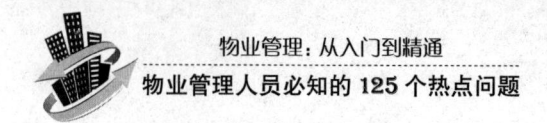

对自然流水的利用，应当在不动产的相邻权利人之间合理分配。对自然流水的排放，应当尊重自然流向。

**第二百九十一条** 不动产权利人对相邻权利人因通行等必须利用其土地的，应当提供必要的便利。

**第二百九十二条** 不动产权利人因建造、修缮建筑物以及铺设电线、电缆、水管、暖气和燃气管线等必须利用相邻土地、建筑物的，该土地、建筑物的权利人应当提供必要的便利。

**第二百九十三条** 建造建筑物，不得违反国家有关工程建设标准，不得妨碍相邻建筑物的通风、采光和日照。

**第二百九十四条** 不动产权利人不得违反国家规定弃置固体废物，排放大气污染物、水污染物、土壤污染物、噪声、光辐射、电磁辐射等有害物质。

**第二百九十五条** 不动产权利人挖掘土地、建造建筑物、铺设管线以及安装设备等，不得危及相邻不动产的安全。

**第二百九十六条** 不动产权利人因用水、排水、通行、铺设管线等利用相邻不动产的，应当尽量避免对相邻的不动产权利人造成损害。

## 第三编　合同

## 第二十四章　物业服务合同

**第九百三十七条** 物业服务合同是物业服务人在物业服务区域内，为业主提供建筑物及其附属设施的维修养护、环境卫生和相关秩序的管理维护等物业服务，业主支付物业费的合同。

物业服务人包括物业服务企业和其他管理人。

附　录

**第九百三十八条**　物业服务合同的内容一般包括服务事项、服务质量、服务费用的标准和收取办法、维修资金的使用、服务用房的管理和使用、服务期限、服务交接等条款。

物业服务人公开作出的有利于业主的服务承诺，为物业服务合同的组成部分。

物业服务合同应当采用书面形式。

**第九百三十九条**　建设单位依法与物业服务人订立的前期物业服务合同，以及业主委员会与业主大会依法选聘的物业服务人订立的物业服务合同，对业主具有法律约束力。

**第九百四十条**　建设单位依法与物业服务人订立的前期物业服务合同约定的服务期限届满前，业主委员会或者业主与新物业服务人订立的物业服务合同生效的，前期物业服务合同终止。

**第九百四十一条**　物业服务人将物业服务区域内的部分专项服务事项委托给专业性服务组织或者其他第三人的，应当就该部分专项服务事项向业主负责。

物业服务人不得将其应当提供的全部物业服务转委托给第三人，或者将全部物业服务支解后分别转委托给第三人。

**第九百四十二条**　物业服务人应当按照约定和物业的使用性质，妥善维修、养护、清洁、绿化和经营管理物业服务区域内的业主共有部分，维护物业服务区域内的基本秩序，采取合理措施保护业主的人身、财产安全。

对物业服务区域内违反有关治安、环保、消防等法律法规的行为，物业服务人应当及时采取合理措施制止、向有关行政主管部门报告并协助处理。

**第九百四十三条**　物业服务人应当定期将服务的事项、负责人

343

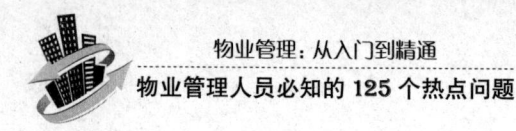

员、质量要求、收费项目、收费标准、履行情况,以及维修资金使用情况、业主共有部分的经营与收益情况等以合理方式向业主公开并向业主大会、业主委员会报告。

**第九百四十四条** 业主应当按照约定向物业服务人支付物业费。物业服务人已经按照约定和有关规定提供服务的,业主不得以未接受或者无需接受相关物业服务为由拒绝支付物业费。

业主违反约定逾期不支付物业费的,物业服务人可以催告其在合理期限内支付;合理期限届满仍不支付的,物业服务人可以提起诉讼或者申请仲裁。

物业服务人不得采取停止供电、供水、供热、供燃气等方式催交物业费。

**第九百四十五条** 业主装饰装修房屋的,应当事先告知物业服务人,遵守物业服务人提示的合理注意事项,并配合其进行必要的现场检查。

业主转让、出租物业专有部分、设立居住权或者依法改变共有部分用途的,应当及时将相关情况告知物业服务人。

**第九百四十六条** 业主依照法定程序共同决定解聘物业服务人的,可以解除物业服务合同。决定解聘的,应当提前六十日书面通知物业服务人,但是合同对通知期限另有约定的除外。

依据前款规定解除合同造成物业服务人损失的,除不可归责于业主的事由外,业主应当赔偿损失。

**第九百四十七条** 物业服务期限届满前,业主依法共同决定续聘的,应当与原物业服务人在合同期限届满前续订物业服务合同。

物业服务期限届满前,物业服务人不同意续聘的,应当在合同期限届满前九十日书面通知业主或者业主委员会,但是合同对通知期限另有约定的除外。

**第九百四十八条** 物业服务期限届满后，业主没有依法作出续聘或者另聘物业服务人的决定，物业服务人继续提供物业服务的，原物业服务合同继续有效，但是服务期限为不定期。

当事人可以随时解除不定期物业服务合同，但是应当提前六十日书面通知对方。

**第九百四十九条** 物业服务合同终止的，原物业服务人应当在约定期限或者合理期限内退出物业服务区域，将物业服务用房、相关设施、物业服务所必需的相关资料等交还给业主委员会、决定自行管理的业主或者其指定的人，配合新物业服务人做好交接工作，并如实告知物业的使用和管理状况。

原物业服务人违反前款规定的，不得请求业主支付物业服务合同终止后的物业费；造成业主损失的，应当赔偿损失。

**第九百五十条** 物业服务合同终止后，在业主或者业主大会选聘的新物业服务人或者决定自行管理的业主接管之前，原物业服务人应当继续处理物业服务事项，并可以请求业主支付该期间的物业费。

## 第七编　侵权责任

### 第十章　建筑物和物件损害责任

**第一千二百五十二条** 建筑物、构筑物或者其他设施倒塌、塌陷造成他人损害的，由建设单位与施工单位承担连带责任，但是建设单位与施工单位能够证明不存在质量缺陷的除外。建设单位、施工单位赔偿后，有其他责任人的，有权向其他责任人追偿。

因所有人、管理人、使用人或者第三人的原因，建筑物、构筑

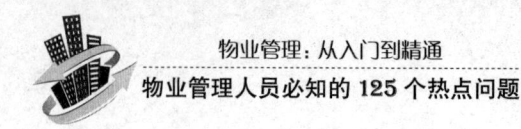

物或者其他设施倒塌、塌陷造成他人损害的，由所有人、管理人、使用人或者第三人承担侵权责任。

**第一千二百五十三条** 建筑物、构筑物或者其他设施及其搁置物、悬挂物发生脱落、坠落造成他人损害，所有人、管理人或者使用人不能证明自己没有过错的，应当承担侵权责任。所有人、管理人或者使用人赔偿后，有其他责任人的，有权向其他责任人追偿。

**第一千二百五十四条** 禁止从建筑物中抛掷物品。从建筑物中抛掷物品或者从建筑物上坠落的物品造成他人损害的，由侵权人依法承担侵权责任；经调查难以确定具体侵权人的，除能够证明自己不是侵权人的外，由可能加害的建筑物使用人给予补偿。可能加害的建筑物使用人补偿后，有权向侵权人追偿。

物业服务企业等建筑物管理人应当采取必要的安全保障措施防止前款规定情形的发生；未采取必要的安全保障措施的，应当依法承担未履行安全保障义务的侵权责任。

发生本条第一款规定的情形的，公安等机关应当依法及时调查，查清责任人。

**第一千二百五十五条** 堆放物倒塌、滚落或者滑落造成他人损害，堆放人不能证明自己没有过错的，应当承担侵权责任。

**第一千二百五十六条** 在公共道路上堆放、倾倒、遗撒妨碍通行的物品造成他人损害的，由行为人承担侵权责任。公共道路管理人不能证明已经尽到清理、防护、警示等义务的，应当承担相应的责任。

**第一千二百五十七条** 因林木折断、倾倒或者果实坠落等造成他人损害，林木的所有人或者管理人不能证明自己没有过错的，应当承担侵权责任。

**第一千二百五十八条** 在公共场所或者道路上挖掘、修缮安装地下设施等造成他人损害，施工人不能证明已经设置明显标志和采取安全措施的，应当承担侵权责任。

窨井等地下设施造成他人损害，管理人不能证明尽到管理职责的，应当承担侵权责任。

## 附　则

**第一千二百五十九条** 民法所称的"以上"、"以下"、"以内"、"届满"，包括本数；所称的"不满"、"超过"、"以外"，不包括本数。

**第一千二百六十条** 本法自2021年1月1日起施行。《中华人民共和国婚姻法》、《中华人民共和国继承法》、《中华人民共和国民法通则》、《中华人民共和国收养法》、《中华人民共和国担保法》、《中华人民共和国合同法》、《中华人民共和国物权法》、《中华人民共和国侵权责任法》、《中华人民共和国民法总则》同时废止。